Teubner Studienbücher Informatik

N. Wirth
Systematisches Programmieren

Leitfäden der angewandten Mathematik und Mechanik LAMM

Band 17

Die Lehrbücher dieser Reihe sind einerseits allen mathematischen Theorien und Methoden von grundsätzlicher Bedeutung für die Anwendung der Mathematik gewidmet; andererseits werden auch die Anwendungsgebiete selbst behandelt. Die Bände der Reihe sollen dem Ingenieur und Naturwissenschaftler die Kenntnis der mathematischen Methoden, dem Mathematiker die Kenntnisse der Anwendungsgebiete seiner Wissenschaft zugänglich machen. Die Werke sind für die angehenden Industrie- und Wirtschaftsmathematiker, Ingenieure und Naturwissenschaftler bestimmt, darüber hinaus aber sollen sie den im praktischen Beruf Tätigen zur Fortbildung im Zuge der fortschreitenden Wissenschaft dienen.

Systematisches Programmieren

Eine Einführung

Von Dr. Niklaus Wirth
Professor an der Eidg. Technischen Hochschule Zürich

3., durchgesehene Auflage
Mit 55 Figuren, 64 Übungen und
zahlreichen Beispielen

B. G. Teubner Stuttgart 1978

Prof. Dr. Niklaus Wirth

Geboren in Winterthur, Schweiz. Von 1954 bis 1958 Studium an der Eidg. Technischen Hochschule Zürich mit Abschluß als Dipl. El.-Ing. Von 1959 bis 1960 Studium an der Université Laval, Quebec, Canada, und Erlangung des Grades M. Sc. Von 1960 bis 1963 Studium und anschließend Promotion an der University of California, Berkeley. Von 1963 bis 1967 Assistant Professor of Computer Science an der Stanford University. Von 1967 bis 1968 Assistenzprofessor an der Universität Zürich. Seit 1968 Professor für Informatik an der Eidg. Technischen Hochschule Zürich.

CIP-Kurztitelaufnahme der Deutschen Bibliothek

Wirth, Niklaus
Systematisches Programmieren: e. Einf. – 3.,
durchges. Aufl. – Stuttgart: Teubner, 1978.
(Leitfäden der angewandten Mathematik und
Mechanik; Bd. 17) (Teubner-Studienbücher:
Informatik)
ISBN 3-519-22327-9

Printed in Germany
Druck: J. Beltz, Hemsbach
Binderei: G. Gebhardt, Ansbach
Umschlaggestaltung: W. Koch, Sindelfingen

Überhaupt verhält es sich mit allen solchen Kalküls so, daß man durch sie nichts leisten kann, was nicht auch ohne sie zu leisten wäre; der Vorteil ist aber der, daß wenn ein solcher Kalkül dem innersten Wesen vielfach vorkommender Bedürfnisse korrespondiert, jeder . . . die dahin gehörigen Aufgaben lösen, ja selbst in so verwickelten Fällen gleichsam mechanisch lösen kann, wo ohne eine solche Hilfe auch das Genie ohnmächtig wird. So ist es mit der Erfindung der Buchstabenrechnung überhaupt, so mit der Differentialrechnung gewesen, . . .

Es ist der Charakter der Mathematik in der neueren Zeit, daß durch unsere Zeichensprache und Namensgebung wir einen Hebel besitzen, wodurch die verwickeltsten Argumentationen auf einen gewissen Mechanismus reduziert werden. An Reichtum hat dadurch die Wissenschaft unendlich gewonnen, an Schönheit und Solidität aber, wie das Geschäft gewöhnlich betrieben wird, ebensoviel verloren. Wie oft wird jener Hebel eben nur mechanisch angewandt, obwohl die Befugnis dazu in den meisten Fällen gewisse stillschweigende Voraussetzungen impliziert. Ich fordere, man soll bei allem Gebrauch des Kalküls, bei allen Begriffsverwendungen sich immer der ursprünglichen Bedingungen bewußt bleiben und alle Produkte des Mechanismus niemals über die klare Befugnis hinaus als Eigentum betrachten.

C.F. Gauß, in Briefen an Schumacher vom 15.5.1843 und 1.9.1850

Vorwort

Das Angebot an Lehrbüchern zum Programmieren in Computer-Sprachen aller Arten ist enorm, und der erforderliche Aufwand, um einen entsprechenden Lehrgang zu verfassen, ist durchaus nicht unbedeutend. Die Herausgabe dieses Studienbuches erfordert unter diesen Umständen eine Begründung – fast sogar eine Rechtfertigung.

Es geht mir hier vor allem darum, das Programmieren als eine eigenständige Disziplin, als das systematische Konstruieren und Formulieren von Algorithmen, einzuführen. Algorithmen sind Rezepte für Klassen von Datenverarbeitungs- und Steuerungsprozessen im allgemeinsten Sinn. Sie sollen solide Gebäude von logisch, zuverlässig und zweckmäßig konzipierten Bausteinen darstellen.

Der Sinn des Programmierers für exaktes und methodisches Vorgehen soll vor allem geschärft werden durch die Betonung von Problemkreisen und Techniken, die für das Programmieren an und für sich typisch sind, unabhängig vom Anwendungsgebiet, aus dem eine bestimmte Programmieraufgabe gerade stammen mag. Aus diesem Grund wird hier kein Anwendungsgebiet als Selbstzweck hervorgehoben; die Aufgaben und Beispiele sind lediglich auf Grund ihrer Eignung zur Veranschaulichung allgemeingültiger Probleme und Lösungsmethoden ausgewählt. Ebenfalls mehr in den Hintergrund treten soll die gewählte Programmiersprache; sie ist Werkzeug, aber nicht Endzweck. Es soll nicht das vordringliche Anliegen eines Programmierkurses sein, Perfektion in der Handhabung aller Details einer spezifischen Sprache zu vermitteln. Die Sprache oder Notation soll hingegen die wesentlichen und typischen Bestandteile von Algorithmen klar, verständlich und auf natürliche Weise widerspiegeln und auf die grundlegenden Eigenschaften und Grenzen von digitalen Rechenanlagen Rücksicht nehmen.

Ferner habe ich versucht, die grundlegenden Ideen und Techniken der Programm-Verifizierung miteinzubeziehen. Es geht schließlich beim Programmieren nicht darum, lediglich einen einzelnen Rechenvorgang zu spezifizieren, sondern ganze Klassen von Prozessen allgemeingültig als Algorithmen zu formulieren. Ein gewissenhafter Konstrukteur muß aber darlegen können, daß sein Produkt die angepriesenen Eigenschaften unter a l l e n Umständen besitzt. Durch die in der Praxis üblichen Methoden des experimentellen Prüfens von Programmen wird aber lediglich eine Aussage über einen einzelnen Rechenprozeß gewonnen, nicht aber über das Programm als Repräsentant der gesamten Klasse von Prozessen, die nach ihm abgewickelt werden können. Um verbindliche Aussagen über Programme machen zu können, ist daher eine analytische Verifikation unumgänglich.

Durch Einbeziehen der Grundlagen der analytischen Programm-Verifikation ergeben sich gewisse Erfordernisse an die Abstraktionsfähigkeit des Studenten, die über das übliche Niveau von gängigen Programmierkursen hinausgehen. Gewisse Bedenken über die Eignung dieses Themas für einen Einführungskurs sind denn auch verschiedentlich geäußert worden. Ich bin jedoch zur festen Überzeugung gelangt, daß die hier behandelten minimalen Grundlagen, die sich auf die Konzepte der Zusicherungen und der

Invarianten beschränken, von zentraler Bedeutung sind; sie gehören daher im Lehrgang des Programmierens an keinen anderen Ort als an den unmittelbaren Anfang. Sie bilden den eigentlichen Kern für das tiefere Verständnis von Algorithmen, ohne das dem Programmierer keine andere Basis als die unzulängliche Intuition für seine Arbeit zur Verfügung steht. Es wird damit klar, daß dieses Studienbuch vor allem auf die Bedürfnisse jener zugeschnitten ist, die das methodische Konstruieren von Algorithmen und Computer-Programmen als einen Bestandteil ihrer mathematischen Grundausbildung betrachten, und weit weniger jenen Lesern entgegenkommt, die lediglich hie und da ein anfallendes Rechenproblem codieren und ihrem Computer anvertrauen möchten.

Als Grundlage der im vorliegenden Buch verwendeten Notation dient die 1960 entstandene Programmiersprache ALGOL 60. Daß sie nicht buchstabengetreu übernommen wurde, liegt darin begründet, daß das Programmieren ein wesentlich weiteres Anwendungsfeld besitzt als zu jener Zeit und daß eine Einführung nicht auf ein einzelnes Anwendungsgebiet ausgerichtet werden soll. ALGOL 60 wurde vor allem für das Gebiet der Numerik entwickelt und gestattet die Formulierung von Programmen aus anderen Problemkreisen oft nur unter unschönem Mißbrauch der Sprache. Aber gerade der Mißbrauch von Werkzeugen für Zwecke, für die sie nicht ersonnen wurden, soll im Unterricht vermieden und sicher nicht als nachahmenswertes Beispiel angepriesen werden.

Meine Forderung nach einer Notation, in der sich Strukturen von Prozessen und von Daten klar und systematisch darstellen lassen, beruht auf der Erfahrung, daß Programmierer oft zeitlebens mit jener Sprache operieren, die sie als erste erlernt haben. Diese Feststellung beruht nicht nur auf der viel zitierten menschlichen Bequemlichkeit, sondern weit mehr auf dem Umstand, daß die zuerst erlernte Sprache das Gerüst darstellt, an dem sich Gedanken konkretisieren, an dem sie Form annehmen, indem sie formuliert werden. Mit der ersten Sprache erlernt man nicht nur ein Vokabular und eine Grammatik, sondern man erschließt sich eine Gedankenwelt. Der Wahl dieser Sprache ist daher besondere Sorgfalt zu widmen.

Die Vorbedingungen für diesen Kurs sind lediglich elementare Kenntnisse der Mathematik, wie sie an höheren Schulen vermittelt werden. Speziell zu erwähnen sind die Elemente des logischen Präpositionskalküls und das Konzept der mathematischen Induktion. Einige Grundkenntnisse der Wahrscheinlichkeitsrechnung sind nützlich, während die Infinitesimalrechnung außer in einigen Aufgaben (die übersprungen werden können) nicht benötigt wird.

Ich lege stets großen Wert auf Übungsaufgaben; ohne intensive Beschäftigung mit Aufgaben ist das Programmieren nicht zu erlernen, denn es ist im wesentlichen eine konstruktive, synthetisierende Tätigkeit, wo man viel aus eigener Erfahrung und Fehlern lernt. Aufgabenstellungen sollten klar formuliert sein; ihr Zweck und das gewünschte Resultat sollten ohne aufwendigen mathematischen Formalismus ersichtlich sein, einfach weil die Aufgabe an und für sich sinnvoll ist. Der Zweck von Aufgaben ist vor allem, den Studenten die Anwendung behandelter Konzepte und Techniken üben zu lassen, und nicht etwa, ihn mit einem verzwickten Rätsel zu konfrontieren, dessen Lösung viel Zeit und sogar Erfahrung benötigt. Die am Ende jedes Kapitels angeführten Aufgaben mögen als Muster dienen; sie lassen sich beliebig variieren und erweitern.

Der Erfolg eines Programmierkurses hängt nach meiner Erfahrung entscheidend vom lokalen Rechenzentrum ab. Sind gewisse Minimalforderungen bezüglich Zugänglichkeit und Bedienung nicht erfüllt, so verbreitet ein Programmierkurs allzu leicht Enttäuschung und Mißmut. Vorerst sollte eine Rechenanlage zur Verfügung stehen, die kleine Arbeiten sogleich annimmt und erledigt. Für Programme, die einen Rechner während höchstens einiger Sekunden in Anspruch nehmen und nur wenige Dutzend Zeilen an Resultaten liefern, sollte stets eine Rückgabezeit von höchstens einer Viertelstunde garantiert werden. Die wichtigste Forderung, die an das verwendete Compiler-System gestellt werden muß, ist diejenige nach Verständlichkeit und Richtigkeit der Antworten. Ganz besonders bei Anfängern bestehen diese Antworten selten aus den erwarteten Rechenresultaten, sondern aus Mitteilungen über entdeckte Fehler. Das verwendete System muß diese Meldungen entweder in natürlicher Sprache oder in der zugrunde liegenden Programmiernotation formulieren. Auf keinen Fall dürfen kryptische oder unbegründete Meldungen eines Betriebssystems oder gar oktale oder hexadezimale Speicherauszüge erscheinen. Nicht zum eigentlichen Programm gehörende Anweisungen, z.B. an das Betriebssystem, sollen auf ein Minimum reduziert werden.

Dieses Buch entstand aus Vorlesungsnotizen; es ist unmöglich, für alle Anregungen namentlich zu danken. Mein besonderer Dank gebührt aber meinen Kollegen E.W. Dijkstra (Eindhoven), C.A.R. Hoare (Belfast) und P. Naur (Kopenhagen), deren Ideen nicht nur diesen Text, sondern das Gebiet des Programmierens überhaupt tiefgreifend beeinflußt haben. Mit großer Dankbarkeit denke ich auch an die Diskussionen mit H. Rutishauser zurück; als Begründer der Idee der Programmiersprachen überhaupt und als Mitautor von ALGOL 60 hat er wohl von allen den größten Einfluß ausgeübt. Und schließlich bin ich meinen Mitarbeitern U. Ammann, E. Marmier, und R. Schild dankbar für ihre tatkräftige Unterstützung durch die Erstellung des PASCAL-Compilers, der den Beweis erbrachte, daß die hier verwendete Notation nicht nur zur Konstruktion abstrakter Algorithmen, sondern auch zur Formulierung von effizienten Programmen für reelle Rechenanlagen bestens geeignet ist.

Die zweite Auflage dieses Lehrbuches bot die willkommene Möglichkeit, den in der Praxis gemachten Erfahrungen Rechnung zu tragen, die eine geringfügige Revision der diesem Text zugrunde liegenden Programmiersprache PASCAL als wünschenswert erscheinen ließen [12]. Die zweite Auflage wurde dementsprechend der revidierten Sprache angeglichen. Es betraf dies die Abschnitte der File-Behandlung (Abschn. 10) und der Prozedur-Parameter (Abschn. 12.3). Im letzteren wurde der Konstanten-Parameter durch den von ALGOL her bekannten Werte-Parameter ersetzt. Eine kurze

Gegenüberstellung der drei allgemein bekannten Substitutions-Prinzipien wurde neu in den Abschn. 12 aufgenommen. Die zweite Revision betraf die File- und vor allem die Textfile-Behandlung. Hier wurde das Postulat, daß ein Zeichensatz ein explizites Zeilentrennzeichen aufweisen soll, fallen gelassen, was nicht unbedingt eine Vereinfachung, aber doch eine Angleichung an weitverbreitete Usanzen darstellt.

Die vorliegende dritte Auflage ist ein Nachdruck der zweiten Auflage, bei dem bekanntgewordene Druckfehler beseitigt wurden.

Zürich, im Herbst 1977 Niklaus Wirth

Inhalt

1. Einleitung

Der Computer hat im letzten Jahrzehnt rasch eine Verbreitung und große Bedeutung als Werkzeug in Gewerbe, Industrie und Wissenschaft erlangt. Er ist in diesen Branchen zu einem unerläßlichen Instrument geworden und bewältigt Arbeiten, deren Erledigung ohne ihn unmöglich wären. Der Computer ist ein Automat, der Prozesse nach genau vorgeschriebenen Verhaltensmaßregeln ausführt. Er besitzt im allgemeinen nur ein sehr beschränktes Repertoire von elementaren Befehlen, die er „verstehen" und befolgen kann. Er führt diese jedoch mit enormer Geschwindigkeit und größter Zuverlässigkeit aus. Der Kern seiner Fähigkeiten und seiner vielseitigen Anwendbarkeit liegt im Vermögen, sehr lange Befehlsfolgen auszuführen, in denen unendlich viele Kombinationen von Elementarbefehlen möglich sind. Die Tätigkeit, solche Befehlsfolgen zu konzipieren, wird P r o g r a m m i e r e n genannt.

Programme zu konstruieren ist eine Arbeit, die eigentlich auch ohne den Computer als Anwendungsobjekt möglich und sinnvoll sein kann. Die Grundbegriffe des Programmierens lassen sich daher gut ohne Bezug auf einen Computer erklären und verstehen. Das Programmieren ist ein Gebiet, welches sehr viele Anwendungen kennt, mathematischen Methoden der Systematik und der Analyse zugänglich ist und viele nichttriviale Konstruktions-Probleme stellt. Es wurde jedoch bis vor kurzem nur wenig beachtet und bearbeitet. Der Grund dafür liegt darin, daß das Programmieren erst dann zu schwierigen Problemen führt, die einer soliden theoretischen Grundlage bedürfen, wenn die betrachteten Programme eine gewisse Minimallänge überschreiten, wenn sie aus einigen Tausenden oder gar Millionen von Befehlen zusammengesetzt sind. Willige Sklaven, solche Befehlsfolgen unermüdlich, zuverlässig und mit sturem Gehorsam auszuführen, gab es jedoch vor dem Zeitalter des Computers nicht. Das Wissensgebiet des Programmierens erhielt also erst durch den Computer einen praktischen Nutzen, es wurde erst durch ihn interessant und relevant.

2. Grundbegriffe

In diesem Kapitel werden einige der wichtigsten Grundbegriffe der Programmierung eingeführt. Sie sind fundamental und können daher nicht formell auf Grund anderer Begriffe definiert werden. Stattdessen seien sie verbal beschrieben und anhand einiger einfacher Beispiele erläutert.

Im Zentrum steht der Begriff der H a n d l u n g . Eine Handlung sei ein Vorgang, der in einer endlichen Zeitspanne abläuft und eine beabsichtigte und wohldefinierte Auswirkung – einen E f f e k t – hat. Jede Handlung bedingt das Vorhandensein von O b j e k t e n , an denen die Handlung ausgeübt wird und an deren Z u s t a n d s ä n d e r u n g die Auswirkung der Handlung feststellbar ist. Die Handlung soll ferner mit Hilfe einer *Sprache* oder eines Formelsystems beschreibbar sein; ihre Beschreibung wird *Anweisung* genannt.

Ist die Handlung in einzelne Teile zerlegbar, so heißt sie *Prozeß*. Wenn die einzelnen Teilhandlungen zeitlich strikt nacheinander ablaufen, dann wird der Prozeß als *sequentiell* bezeichnet. In analoger Weise wird eine Anweisung, welche die Teilhandlungen eines Prozesses durch einzelne Anweisungen beschreibt, ein *Programm* genannt. Ein Programm besteht also aus einer Menge von Anweisungen, wobei im allgemeinen die Reihenfolge der Anweisungen im Programmtext nicht mit der zeitlichen Reihenfolge der entsprechenden Handlung identisch zu sein braucht.

Die treibende Kraft, welche die Handlungen gemäß den Anweisungen und den Prozeß gemäß dem Programm ausführt, wird *Prozessor* genannt. Aus dieser neutralen Bezeichnung geht nicht hervor, ob es sich dabei um einen menschlichen Prozessor oder um einen Automaten handelt. Programme haben denn auch ohne Bezugnahme auf einen bestimmten Prozessor einen Sinn, jedenfalls solange die zugrunde liegende Sprache genügend genau definiert ist. Im allgemeinen ist der Programmierer beim Erstellen von Programmen tatsächlich nur insofern an der Identität des Prozessors interessiert, als dieser fähig sein muß, die Sprache seiner Programme zu verstehen, denn sie sollen die Verhaltensmaßregeln für den Prozessor darstellen. Der Programmierer benötigt aus diesem Grund immerhin Kenntnisse über die Art der Anweisungen, die der Prozessor befolgen kann, und er muß seine Sprache, in der er seine Anweisungen formuliert, dem Prozessor anpassen.

Jede Handlung bedingt einen gewissen *Arbeitsaufwand*. Die Größe dieses Aufwandes hängt vom Prozessor ab. Der Aufwand läßt sich als Zeitspanne ausdrücken, während derer die Handlung den Prozessor in Anspruch nimmt. Eine Zeitspanne läßt sich in der Praxis mehr oder weniger direkt in ein *Kostenmaß* umsetzen. Der erfahrene Programmierer zieht die Fähigkeiten eines Prozessors in diesem Sinne in Betracht und wählt unter den verschiedenen Prozessen, die zum gewünschten Ziel führen, denjenigen mit den geringsten resultierenden Kosten.

Dieses Buch befaßt sich vor allem mit der Konstruktion von Programmen, die durch *Computer*, also automatische Prozessoren, behandelt werden sollen. Im nächsten Abschnitt werden daher Eigenschaften besprochen, die allen Computern gemeinsam sind. Zuvor jedoch sollen zwei einfache Beispiele dazu dienen, die wesentlichen Grundbegriffe zu veranschaulichen.

Beispiel 2.1. Gegeben sei die Anweisung:

„Multipliziere zwei natürliche Zahlen x und y;
bezeichne das Produkt mit z.“ (2.1)

Sofern der Prozessor diese Anweisung versteht (d.h. weiß, was natürliche Zahlen sind und was „multiplizieren“ bedeutet), ist jede weitere Beschreibung dieser Anweisung unnötig. Es sei hier jedoch angenommen, daß ein bestimmter Prozessor

1. keine Sätze in natürlicher Sprache, sondern nur einen Formalismus versteht und
2. nicht multiplizieren, jedoch addieren kann.

Zuerst ist festzustellen, daß die durch den beschriebenen Prozeß zu behandelnden Größen natürliche Zahlen sind. Im Programm jedoch sollen diese Zahlen nicht festgelegt werden, sondern das Programm soll als Verhaltensmaßregel für die Multiplikation beliebiger natürlicher Zahlen verwendbar sein. Anstelle der Zahlen werden daher Namen eingesetzt, die als variable Größen oder kurz V a r i a b l e n bezeichnet werden. Diesen Variablen müssen konkrete Werte zugewiesen werden können. Diese W e r t z u w e i s u n g an Variablen ist die fundamentale Handlung in Prozessen, die durch Computer ausgeführt werden. Eine Variable zeigt eine Verhaltensweise, die der einer Wandtafel ähnlich ist: Sie kann einerseits jederzeit gelesen, anderseits ausgewischt und überschrieben werden. Die Zuweisung eines Wertes w an eine Variable v soll allgemein durch das Operatorzeichen := bezeichnet werden:

$$v := w \tag{2.2}$$

Formell kann die Anweisung aus Beispiel 2.1 durch die „Formelanweisung"

$$z := x*y \tag{2.3}$$

beschrieben werden. Wenn diese Anweisung in einzelne Additionen zerlegt wird, die zeitlich nacheinander ausgeführt werden müssen, ergibt sich aus der Handlung der Multiplikation ein sequentieller Prozeß, und die Anweisung (2.3) nimmt die Form eines Programms ein. Dies sei vorerst wie folgt formuliert:

Schritt 1: z := 0
u := x

Schritt 2: Wiederhole die Anweisungen
z := z+y
u := u-1

bis u = 0.

Der Prozeß, den dieses Programm hervorruft, wenn für x und y bestimmte Werte gegeben sind, kann durch Aufzeichnung der Werte dargestellt werden, die in zeitlicher Folge den Variablen zugewiesen werden. Mit x = 5 und y = 13 führt dies zur Tabelle (2.4).

Schritt Nr.	Werte der Variablen z	und	u
1	0		5
2	13		4
2	26		3
2	39		2
2	52		1
2	65		0

(2.4)

Der Prozeß ist gemäß Anweisung „Schritt 2" beendet, wenn u=0; z besitzt dann den Endwert 65 = 5*13.

Eine derartige Tabelle wird „Trace" genannt. Es sei hier jedoch ausdrücklich darauf hingewiesen, daß diese Tabelle nur zur Veranschaulichung des Prozesses dient, daß während des Prozesses jedoch jede Variable nur einen einzigen Wert besitzt. Dies ist darauf zurückzuführen, daß die Operation der Wertzuweisung den vorgängigen Wert einer Variablen „überschreibt", d.h. daß also der alte Wert verlorengeht.

Die Objekte in diesem Prozeß sind Zahlen. Um an Zahlen Operationen auszuführen, ist es notwendig, daß diese Zahlen durch eine bestimmte Schreibweise veranschaulicht werden. Die Festlegung einer Darstellung von Zahlen ist also für den Prozeß unumgänglich. Das Programm hat jedoch ohne Bezug auf eine Darstellung Gültigkeit. Die Unterscheidung zwischen Dingen an sich, und seien es abstrakte Dinge wie Zahlen, und deren Repräsentation ist sehr wichtig. In Computern z.B. sind Zahlen durch Zustände von magnetischen Speicherelementen repräsentiert. Es ist aber dringend erwünscht, daß Programme, die Prozesse an Zahlen beschreiben, ohne Bezug auf magnetische Zustände formuliert werden und dennoch auch für Computer Gültigkeit besitzen. Zur Veranschaulichung dieser Gedanken diene (2.5), wo derselbe Prozeß wie bei (2.4) wiedergegeben ist, allerdings in der Zahlendarstellung der Römer.

Schritt Nr.	Werte der Variablen z	und u
1	0	V
2	XIII	IV
2	XXVI	III
2	XXXIX	II
2	LII	I
2	LXV	0

(2.5)

Beispiel 2.2: Gegeben sei die Anweisung: „Dividiere eine natürliche Zahl x durch eine natürliche Zahl y; bezeichne den ganzzahligen Quotienten mit q und den Rest mit r."

Es gelten also die Beziehungen

$$x = q*y + r \quad \text{und} \quad 0 \leqslant r < y. \tag{2.6.1}$$

Formell sei diese Anweisung dargestellt durch die „Formelanweisung".

$$(q, r) := x \;\mathbf{div}\; y \tag{2.6.2}$$

Um zu zeigen, wie aus dieser Anweisung wiederum ein Programm entsteht, sei angenommen, daß der Prozessor die Operation **div** nicht kennt, jedoch imstande ist, zu addieren und zu subtrahieren. Es werde also dividiert, indem y wiederholt von x subtrahiert wird, wobei die Anzahl der möglichen Subtraktionen q ergibt.

Schritt 1: q := 0 (2.7)
r := x

Schritt 2: Solange $r \geqslant y$, wiederhole
$q := q+1$
$r := r-y$.

x und y bezeichnen also wiederum Konstanten, die am Anfang des Prozesses bestimmte Werte besitzen müssen. q und r sind Variablen mit ganzzahligen Werten. Der durch Programm (2.7) beschriebene Prozeß mit den Werten x = 100 und y = 15 sei dargestellt durch die Trace-Tabelle (2.8).

Schritt Nr.	Werte der Variablen q	und r
1	0	100
2	1	85
2	2	70
2	3	55
2	4	40
2	5	25
2	6	10

(2.8)

Der Prozeß ist beendet, wenn $r < y$. Die Resultate sind q = 6 und r = 10.

Die beiden Beispiele sind Beschreibungen von sequentiellen Prozessen, in denen die einzelnen Handlungen (Wertzuweisungen) in strikter zeitlicher Reihenfolge abgewickelt werden. Im folgenden sollen nur sequentielle Prozesse weiter behandelt werden, und die Bezeichnung Prozeß soll stets als Abkürzung für *sequentieller Prozeß* verstanden werden. Diese bewußte Einschränkung geschieht nicht nur in Anbetracht der Tatsache, daß konventionelle Rechenanlagen Prozesse stets sequentiell ausführen, sondern vor allem mit Rücksicht auf die Erfahrung, daß das Erstellen und Verifizieren von nicht-sequentiellen Prozessen eine schwierige Aufgabe darstellt, die gründliche Kenntnisse im Programmieren sequentieller Prozesse voraussetzt.

Die vorangegangenen Beispiele zeigen, daß jedes Programm eine Zustandstransformation seiner Variablen beschreibt. Wird dasselbe Programm zweimal durchlaufen, wobei die Ausgangswerte (x und y) verschieden sind, so wäre es falsch zu behaupten, die beiden Prozesse seien die gleichen. Hingegen folgen sie einem gewissen *Verhaltensmuster*. Die Beschreibung eines solchen Verhaltensmusters ohne Bezug auf einen bestimmten Prozessor wird *Algorithmus* genannt.

Die Bezeichnung *Programm* wird für Algorithmen verwendet, die derart formuliert sind, daß ihre Ausführung durch einen bestimmten Prozessor oder Prozessortyp möglich ist. Der Unterschied zwischen einem allgemeinen Algorithmus und einem *Computer-Programm* besteht hauptsächlich darin, daß das Programm bis ins kleinste Detail festgelegt sein und genau festgelegten Sprachregeln genügen muß. Der Grund hierfür liegt darin, daß die Maschine ein genau festgesetztes, endliches Befehlsrepertoire besitzt und die angenommenen Befehlsfolgen mit absolutem Gehorsam und totaler Kritiklosigkeit ausführt. Diese Eigenschaft des Computers wird von den meisten Anfängern in der Kunst des Programmierens bemängelt und als Ursache für die im Umgang mit dem Computer nötige Pedanterie angegeben, wo bereits ein trivialer Schreibfehler zu einem gänzlich unbeabsichtigten Verhalten führen kann. Das offensichtliche Fehlen von „gesundem Menschenverstand", an den der Programmierer appellieren kann, wird auch von Fachleuten beanstandet, und es sind vielerorts Anstrengungen zur Abhilfe gemacht worden. Der erfahrene Programmierer jedoch lernt diese servile Eigenschaft des Computers als Qualität zu schätzen, da sie es ermöglicht, auch „ungewöhnliche" Dinge zu verlangen. Denn gerade dies ist unmöglich im Umgang mit einem (menschlichen) Prozessor, der gewohnheitsmäßig jede Anweisung auf die nächste ihm plausible (und angenehme) Interpretation abrundet.

3. Übersicht über den Aufbau eines Computers

Um ein computergerechtes Programm aufstellen zu können, ist es unerläßlich, daß der Programmierer sein Instrument kennt. Je genauer er seinen Prozessor kennt, um so besser kann ein Algorithmus zu einem Programm zugeschnitten werden, das die speziellen Fähigkeiten dieses Prozessors ausnützt. Um so größer ist anderseits aber auch der Aufwand, der in die Entwicklung dieses Programms investiert werden muß. In der Praxis gilt es, einen „goldenen Mittelweg" auszumachen und möglichst jene Anpassungen zu finden, die mit wenig Mühe viel Ersparnis an Rechenzeit einbringen. Es gilt daher, die wichtigsten allgemeingültigen Charakteristiken des Computers – aller Computer – aufzuzeigen und die Merkwürdigkeiten einzelner Exemplare zu ignorieren.

Bei allen modernen Digitalrechnern lassen sich zwei wesentliche Komponenten unterscheiden:

1. der Speicher (store, „memory"). Er enthält die Objekte, mit denen gearbeitet wird, in codierter Form. Diese codierten Objekte werden D a t e n genannt. Die Leistungsfähigkeit eines Speichers wird an seiner Kapazität und an der Geschwindigkeit, mit der Daten ihm eingegeben und entnommen werden können, gemessen. Der Speicher hat in jedem Fall eine endliche Kapazität.

2. der Prozessor (arithmetisch-logische Einheit). In dieser Einheit wird addiert, multipliziert, verglichen; Daten werden aus dem Speicher gelesen und in ihn zurückgegeben. In jedem Zeitpunkt enthält der Prozessor nur die unmittelbar zur Verarbeitung nötigen Daten.

Der Prozessor selbst enthält also stets nur sehr wenige Daten; seine Speichereinheiten werden R e g i s t e r genannt. Alle nicht unmittelbar zur Verarbeitung benötigten Daten werden im Speicher abgelegt, welcher offenbar die Rolle eines „Gefrierfaches" einnimmt. Das folgende Beispiel zeigt, wie ein arithmetischer Ausdruck mit mehreren Operanden und einem Zwischenresultat im Speicher kurzzeitig abgelagert wird.

Die Berechnung des Ausdrucks

$$a * b + c * d \tag{3.1.1}$$

wird aufgeteilt in die einzelnen Anweisungen

$$\begin{aligned} R1 &:= a \\ R2 &:= b \\ R1 &:= R1*R2 \\ z &:= R1 \\ R1 &:= c \\ R2 &:= d \\ R1 &:= R1*R2 \\ R2 &:= z \\ R1 &:= R1+R2, \end{aligned} \tag{3.1.2}$$

wobei R1 und R2 zwei Arbeitsregister des Prozessors und z das im Speicher abgelagerte Zwischenresultat bezeichnen. Das Resultat des Prozesses liegt im Register R1 vor. Die Berechnung des Ausdrucks ist damit in ein Programm verwandelt worden, das nur dreierlei Instruktionen enthält:

1. Kopieren von Daten aus dem Speicher in ein Register,
2. (arithmetische) Operationen an Daten in Registern und
3. Kopieren von Daten in Registern in den Speicher.

Auf dieser Methodik des Zerlegens von Anweisungen in elementarere Schritte und des Aufbewahrens von Resultaten und Zwischenresultaten im Speicher beruht die Tatsache, daß mit einfachen Prozessoren dieselben Prozesse ausgeführt werden können wie mit komplexen Prozessoren, nur eben unter entsprechend größerem Zeitaufwand. Sie stellt die Quintessenz des Digitalrechners dar und ist die Grundlage der Anwendbarkeit von verhältnismäßig einfachen Automaten auf Probleme von enormer Komplexität. Vorbedingung sind aber Prozessoren, die Befehlsfolgen von riesiger Länge – Milliarden von Befehlen – vollkommen zuverlässig (und möglichst rasch) ausführen können. Die Realisierung solcher Prozessoren ist einer der wirklichen Triumphe der modernen Technik.

Ferner zeigt das kurze Beispiel, daß eine enge Verbindung zwischen Prozessor und Speicher notwendig ist, denn der Informationszufluß zwischen den beiden Komponenten ist erwartungsgemäß sehr dicht. Der Speicher enthält Daten, die unter einem bestimmten Namen zugreifbar sein müssen (z.B. a, b, z). Es muß im Speicher also eine bestimmte Ordnung herrschen. Die Daten sind daher in einer Reihe von identifizierbaren *Speicherzellen* untergebracht; jede Zelle besitzt eine eindeutige Adresse. Bei jedem *Datenzugriff* gibt der Prozessor die Adresse der gewünschten Zelle an.

Speicherzellen im Computer können mit Speicherzellen aus dem täglichen Leben (z.B. Schließfächern am Bahnhof, Schuhschachteln) verglichen werden. Sie nehmen alle ein Objekt auf und bewahren dieses Hier jedoch hört die Analogie bereits auf. Die Speicherfähigkeit von Computer-Speichern beruht nicht darauf, daß sie ein Objekt physikalisch aufnehmen, sondern daß eine Codierung des Objektes durch den Zustand der Zelle abgebildet wird. Dazu ist es nötig, daß die „Zelle" eine bestimmte (endliche) Anzahl von diskreten Zuständen einnehmen kann. Es ist technisch schwierig, Elemente zu bauen, die eine große Anzahl von Zuständen einnehmen und lange beibehalten können, welche klar und eindeutig voneinander unterscheidbar sind. Am einfachsten ist es, Elemente zu realisieren, die lediglich zwei Zustände einnehmen. Sie werden binäre Speicher genannt. Wird nun eine Menge von n binären Speicherelementen zu einer Gruppe zusammengefaßt, so können durch diese Gruppe 2^n verschiedene Zustandskombinationen realisiert werden. Wird die Gruppe als Einheit betrachtet, so stellt sie eine Speicherzelle mit 2^n möglichen Zuständen dar.

Als Beispiel für eine binäre Codierung von Daten möge das der natürlichen Zahlen dienen. Eine Zahl x sei dargestellt als Folge der binären Ziffern

$$x : b_{n-1} \cdots b_1 b_0 \tag{3.2.1}$$

wobei die zugehörige Codierungsregel

$$x = b_0 + 2b_1 + 4b_2 + \cdots + 2^{n-1} b_{n-1} \tag{3.2.2}$$

sei. Diese Regel ist durchaus nicht die einzig mögliche, jedoch in mancher Hinsicht eine sehr zweckmäßige. Es ist dieselbe Regel, die der Darstellung arabischer dezimaler Zahlen zugrunde liegt:

$$x : d_{m-1} \cdots d_1 d_0 \tag{3.3.1}$$

$$x = d_0 + 10d_1 + 100d_2 + \cdots + 10^{m-1} d_{m-1} \tag{3.3.2}$$

Beispiele binär und dezimal codierter Zahlen sind:

binäre Darstellung	dezimale Darstellung
1101	13
10101	21
111111	63
1101011	107

(3.4)

Die wichtigste Lehre aus diesem Beispiel ist, daß in endlichen Speicherzellen nur Zahlen aus einem endlichen Wertebereich dargestellt werden können. Man bezeichnet die Anzahl der binären Elemente, die zu einer adressierbaren Speicherzelle eines Computers zusammengefaßt sind, als deren „Wortlänge". Die Fähigkeiten der arithmetischen Einheit des Computers sind der Wortlänge der Speicherzellen angepaßt. Übliche Werte für Wortlängen sind 8, 16, 24, 32, 48, 64.

Aus der elementaren Forderung, daß ein Computer fähig sein soll, einem gegebenen Programm zu folgen, ergibt sich, daß dieses Programm dem Computer zugänglich sein muß. Wo befindet sich deshalb das Programm zweckmäßigerweise? Es war die geniale (und heute beinahe trivial anmutende) Idee von John von Neumann, das Programm ebenfalls im Speicher unterzubringen. Derselbe Speicher enthält also sowohl die zu bearbeitenden Daten als auch das zu befolgende Programm.

Dieses Konzept bedingt offenbar, daß die einzelnen Befehle (Anweisungen) ebenfalls vercodiert sein müssen. Aus dem obigen Beispiel zur Auswertung eines Ausdrucks ist ersichtlich, daß jeder Befehl durch einen Operationscode (Lesen, Schreiben, Addieren, Multiplizieren etc.) darstellbar ist. Werden die Speicherzellen-Adressen ebenfalls als Zahlen dargestellt (Zellen 0,1,2 etc.), so ist das Problem bereits gelöst: Jedes Programm kann als eine Folge von Zahlen (oder Zahlengruppen) dargestellt und somit im Speicher des Computers abgelagert werden.

Als Konsequenz ergibt sich die wohlzubeachtende Tatsache, daß ein Programm Speicherzellen belegt, deren Anzahl proportional zur Länge des Programmes ist und die nicht mehr zur Speicherung von Daten zur Verfügung stehen. Der Programmierer ist daher stets bemüht, sein Programm nach Möglichkeit kurz zu fassen.

Auf der Idee, Daten und Programme im gleichen Speicher unterzubringen, beruhen die bedeutendsten Eigenschaften des modernen Digitalrechners:

1. Ist die Ausführung eines Programmes beendet, so kann ein neues Programm aufgenommen werden. (Flexibilität, vielseitige Verwendbarkeit).
2. Der Computer kann nach einem bestimmten Programm Zahlenfolgen berechnen, die danach selbst als Programm betrachtet und interpretiert werden. Daten im ersten Verarbeitungsschritt werden zu Programmen im zweiten.
3. Der Computer kann Zahlenfolgen, die Programme darstellen, als Daten auffassen und sie nach einem bestimmten Übersetzungsprogramm in Zahlenfolgen verarbeiten, die Programme für einen anderen Computer darstellen.

4. Programmierhilfen und Programmiersysteme

Noch bis zum Ende der fünfziger Jahre bestand das Programmieren tatsächlich aus der minutiösen Übersetzung von Befehlen in binär, oktal oder sexadezimal dargestellte Zahlen und deren Aneinanderreihung zu einem sinnvollen Programm. Man bezeichnet diese Tätigkeit mit Codieren. Die Unzulänglichkeiten dieses mühsamen Verfahrens traten aber mit dem Schneller- und Größerwerden der Computer mehr und mehr hervor:

1. Der Codierer war gezwungen, sein Programm auf die Eigenheiten des spezifischen Computers auszurichten. Er benötigte dazu genaueste Kenntnisse aller Details dieser Maschine, deren Befehlssatz und Prozessororganisation. Der Austausch von Programmen zwischen verschiedenen Maschinen wurde dadurch unmöglich, und Kenntnisse der Codiermethoden eines Computers waren oft wertlos für die Codierung eines

anderen. Jedes Institut erstellte eigene Programme und war gezwungen, bei der Neuanschaffung eines Computers diese aufzugeben und die Codierarbeit neu zu beginnen. Es wurde klar, daß das gezielte Ausrichten von Algorithmen auf die merkwürdigsten Eigenheiten eines bestimmten Computers eine schlechte Verwendung des menschlichen Intellektes war.

2. Der Programmierer wurde durch seine enge Bindung an eine Rechenanlage nicht nur befähigt, sondern sogar ermuntert, alle möglichen Tricks zu erfinden, um aus den Eigenheiten des Computers ein Maximum herauszuwirtschaften. Als die verzwickte Programmierung – die Trickologie – große Mode war, verwendete der Programmierer nicht nur viel Zeit zur Erstellung „optimaler" Programme, auch deren Verifizierung stellte sich als äußerst schwierig dar. Es war für einen Mitarbeiter beinahe unmöglich, die Funktionsweise eines fremden Programms zu eruieren (und oft sogar schwierig, diejenige seines eigenen zu überblicken)! Die Programmierartistik hat heute ihren Glorienschein verloren; der intelligente moderne Programmierer vermeidet die Anwendung von Tricks um jeden Preis.

3. Der sogenannte Maschinencode enthielt sehr wenig Redundanz, auf Grund deren ein Fehler hätte entdeckt werden können. Daher waren selbst kleine Schreibfehler nur sehr schwer zu entdecken, obwohl sie bei der Ausführung des Programms verheerende Folgen haben konnten.

4. Die Darstellung eines Vorganges als unstrukturierte, lineare, monotone Sequenz von Befehlen ist eine für den Menschen ungeeignete Form, komplizierte Prozesse zu beschreiben und zu überblicken. Es wird in nachfolgenden Abschnitten ersichtlich, daß die Präsenz von Struktur das hauptsächlichste Hilfsmittel sein wird, um den Überblick zu wahren und Programme systematisch zu synthetisieren.

Diese Unzulänglichkeiten führten zur Entwicklung sogenannter „höherer P r o - g r a m m i e r s p r a c h e n ". Eine solche Sprache kann als Befehlsträger für einen idealisierten, hypothetischen Computer aufgefaßt werden, der nicht nach den Möglichkeiten der Technik, sondern nach den Gewohnheiten und Fähigkeiten des Menschen im Ausdruck seiner Gedanken ausgerichtet ist. In dieser Situation gibt es nun allerdings eine Maschine A, die zwar mit den Mitteln der Technik ökonomisch realisierbar ist, deren Verwendung jedoch abschreckend wirkt, und eine Maschine B, die zwar den menschlichen Bedürfnissen angepaßt, aber nicht realisierbar ist. Die Brücke zwischen diesen Extremen wird heute durch die sogenannte S o f t w a r e geschlagen. (Die Maschine selbst wird als H a r d w a r e bezeichnet.) Ein Software-System ist ein P r o g r a m m C, das, ausgeführt auf der bestehenden Maschine A, diese befähigt, Programme für Maschine B in solche für Maschine A umzuwandeln. Das Programm C wird Übersetzer oder C o m p i l e r genannt und befähigt die Maschine A, Programme der Maschine B auszuwerten.

Die Verwendung von Compiler C hält also den Programmierer fern von den speziellen Eigenschaften der Maschine A. Sie befreit ihn aber nicht von der Pflicht, sich stets bewußt zu sein, daß letztlich Computer A die beschriebenen Prozesse ausführt und dies mit allen seinen Mitteln *und Grenzen* tun muß.

Normalerweise bearbeitet ein solches kombiniertes Hardware/Software-System ein Programm P in zwei Phasen, die zeitlich aufeinander folgen. In der ersten Phase wird P durch den Compiler C in diejenige Form übersetzt, die der Computer A direkt interpretieren kann. Diese Phase wird *Übersetzungsphase* oder *Compilation* genannt. In der zweiten Phase wird dann das übersetzte Programm ausgeführt; sie heißt daher *Ausführungsphase*.

Übersetzungsphase:

Programm = Compiler
Eingabedaten = Programm P in Sprache B
Ausgabedaten = Programm P' in Sprache A

Ausführungsphase:

Programm = P'
Eingabedaten = X
Ausgabedaten = Rechenresultate Y

5. Einfache Beispiele von Programmen

Aus dem vorigen Abschnitt geht hervor, daß ein Programm aus einer Folge von Anweisungen bestehen muß, die der Computer „versteht". Auch wenn vorläufig nicht genau definiert ist, was ein Computer „versteht" und welche Anweisungsarten und -formen eine Programmiersprache enthält, so ist doch festzuhalten, daß diese Anweisungen die beabsichtigten Handlungen *exakt* spezifizieren müssen. Dies ist vielleicht der grundlegende Unterschied zwischen dem Verkehr mit einer Maschine und dem Verkehr mit Menschen. Die Arbeit mit dem Computer erzieht zur Exaktheit im Ausdruck. Unklarheiten, Ungenauigkeiten oder Mehrdeutigkeiten sind ausgeschlossen.

Eine leicht verständliche und häufig verwendete Darstellungsweise für Programme ist das *Flußdiagramm*. Sie sei anhand des Programms (2.1) veranschaulicht.

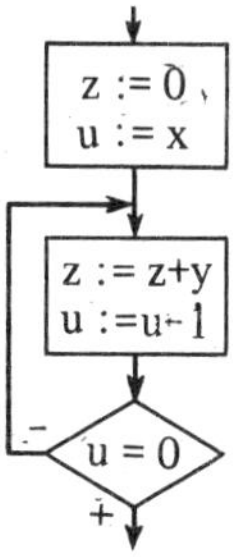

(5.1)

Diese bildliche Darstellung gibt den Ablauf der einzelnen Handlungen klar wieder. Das Programm enthält zwei Arten von „Anweisungen":

1. Wertzuweisungen, gekennzeichnet durch Rechtecke, und
2. Entscheidungen, gekennzeichnet durch Rhomben.

Eine Entscheidung besitzt nicht nur einen einzigen Nachfolger. Je nachdem, ob die spezifizierte Bedingung erfüllt ist, wird der „Ausgang" gewählt, der mit „+" bezeichnet ist (Bedingung erfüllt), oder der mit „–" bezeichnete „Ausgang" (Bedingung nicht erfüllt). Eine Wiederholung spiegelt sich wider als eine S c h l e i f e , als eine sich schließende Folge von Anweisungen und mindestens einer Entscheidung, die den Abbruch der Wiederholung bestimmt.

In gleicher Weise sei das Programm (2.7) als Flußdiagramm dargestellt.

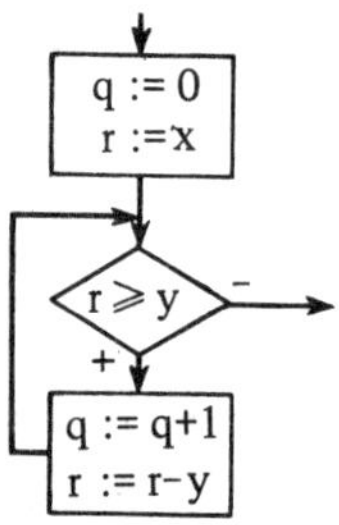

(5.2)

Programme stellen Verhaltensregeln für eine im allgemeinen unbestimmte, meistens sogar unendliche Anzahl von Prozessen dar. Die einzelnen Prozesse weisen zwar dasselbe Verhaltensmuster auf, unterscheiden sich jedoch in den Werten der Variablen zu jedem bestimmten Zeitpunkt und im speziellen in den Anfangswerten der Variablen. Unwillkürlich drängt sich die Frage auf, ob alle nach einem Programm möglichen Prozesse die gewünschten Resultate liefern, die Frage also nach der K o r r e k t h e i t e i n e s P r o g r a m m s .

Die Korrektheit der Programme (2.1) und (2.7) wurde in den Trace-Tabellen (2.4) und (2.8) für je ein Paar von Werten x und y aufgezeigt. Diese Methode wird P r o - g r a m m - T e s t e n genannt, und sie besteht darin, daß der durch das Programm festgelegte Prozeß mit zulässigen Eingangswerten ausgeführt wird, wonach die erhaltenen Werte mit den im voraus bekannten richtigen Resultaten verglichen werden. Dieser Vorgang wird für eine Anzahl von verschiedenen Variablenwerten wiederholt. Das ideale Hilfsmittel zur Ausführung dieser Tests ist natürlich der Computer selbst. Dennoch ist diese Methode aufwendig, besonders wenn die Anzahl der gewählten Tests groß ist. Sie ist aber nicht nur aufwendig, sondern letztlich unbefriedigend, denn eigentlich wäre es nötig, den Prozeß nicht nur für einige, sondern für alle möglichen Werte durchzuführen, falls lediglich empirische Testmethoden verwendet werden. Dies ist jedoch bereits in einfachen Fällen aus rein praktischen Gründen unmöglich, und zwar wegen des daraus resultierenden Rechenaufwandes. Dies sei am Beispiel eines Programms zur Multiplikation von zwei Zahlen gezeigt:

Unter der Annahme, daß ein bestimmter Computer zur Ausführung einer Multiplikation $1 \mu s$ benötigt und daß er ganze Zahlen zu einer absoluten Größe von 2^{60} darstellen kann, wird zur vollständigen Prüfung des Multiplikationsbefehls die Zeit von

$$2^{2*60} * 10^{-6} = 3{,}2*10^{22} \text{ Jahre}$$

benötigt.

Aus der Erkenntnis, daß ein vollständiges, lückenloses empirisches Testen ausgeschlossen ist, ergibt sich die folgende wichtige Regel:

Das Prüfen von Programmen durch empirisches Testen kann höchstens die Gegenwart von Fehlern aufzeigen, niemals jedoch die Korrektheit eines Programms garantieren.

Es ist offensichtlich nötig, daß von den einzelnen möglichen Prozessen abstrahiert wird und daß allgemeingültige Bedingungen aus dem Verhaltensmuster direkt abgeleitet werden. Diese analytische Prüfungsmethode wird *Programm-Verifikation* genannt. Während bei der empirischen Testmethode der einzelne Prozeß das Objekt der Prüfung ist, ist es hier das Programm selbst.

Das Prinzip der Verifikation ist im Grunde dasselbe wie bei der empirischen Testmethode; anstelle der Aufzeichnung von spezifischen Werten nach jeder Handlung tritt die Aufzeichnung von allgemeingültigen *Beziehungen* zwischen Variablenwerten nach jeder Anweisung. „Allgemeingültig" heißt hier: „gültig wenn immer der Prozeß den Punkt erreicht, für den diese Beziehung gilt, ohne Rücksicht auf vorangegangene Handlungen". Die Grundregeln sind also die folgenden:

1. Eine oder mehrere Beziehungen zwischen Variablen werden vor und nach jeder Handlung postuliert. Diese Beziehungen werden auch *Zusicherungen* (assertions) genannt. Die Zusicherung vor einer Anweisung A heißt *Vorbedingung* von A (antecedent), diejenige nach A heißt *Konsequenz* von A (consequent):

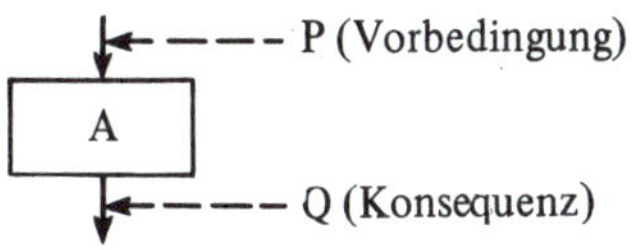

(5.3)

2. Wenn sich mehrere Programmpfade vor der Anweisung B vereinigen, so muß die Vorbedingung P_B in den Konsequenzen $Q_{A1}, Q_{A2}, \ldots Q_{An}$ aller unmittelbar vorangehenden Anweisungen A1, A2, . . ., An logisch enthalten sein:

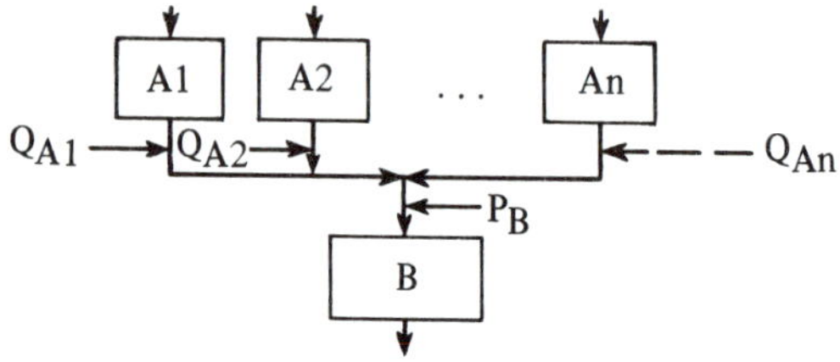

(5.4)

$$Q_{A1} \supset P_B,\ Q_{A2} \supset P_B, \ldots, Q_{An} \supset P_B$$

3. Gilt eine Zusicherung P vor einer Entscheidung unter der Bedingung B, so gilt:

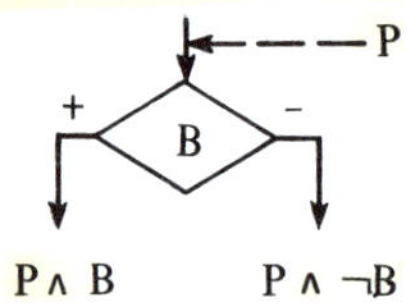

(5.5)

4. Gilt eine Zusicherung P(w) vor der Zuweisung des Ausdrucks w an die Variable v, so gilt P(v) danach.

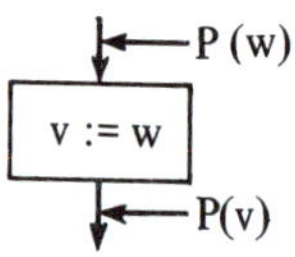

(5.6)

Beispiele:

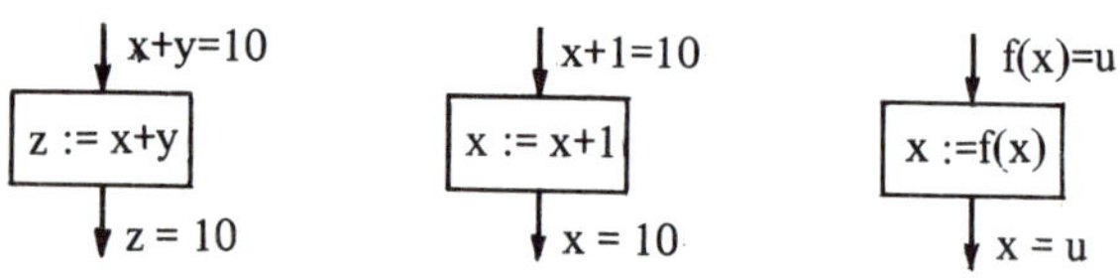

(5.7)

Die beiden Programme (5.1) und (5.2) sollen als Beispiele nach diesen Grundregeln verifiziert werden. Dazu mögen die in (5.8) und (5.9) aufgeführten Zusicherungen als wegweisende Hilfsmittel dienen; sie können leicht nach den Grundregeln (5.3) bis (5.6) abgeleitet werden:

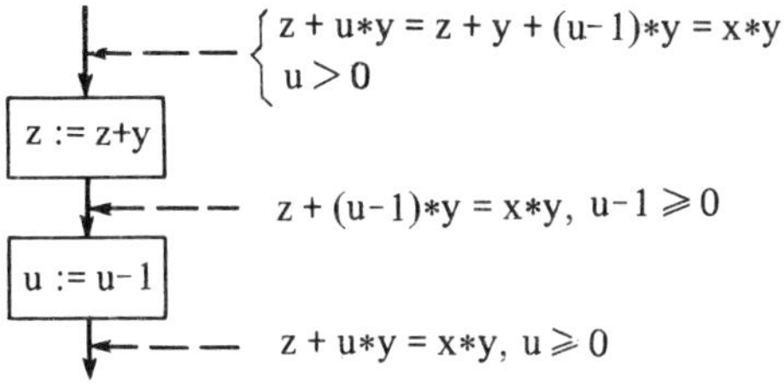

(5.8)

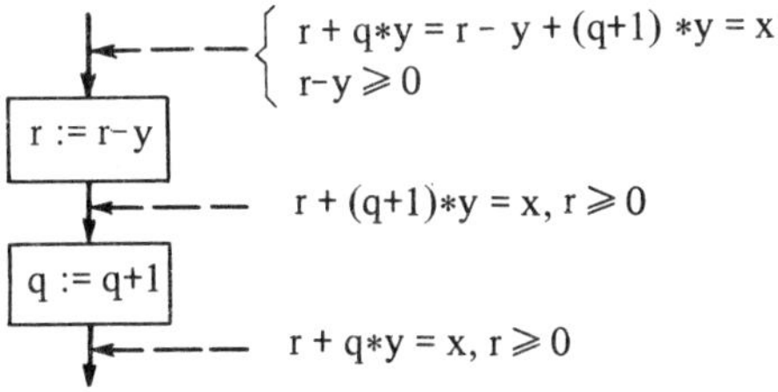

(5.9)

Die Programme mit den vollständigen Verifikations-Zusicherungen sind in (5.10) und (5.11) dargestellt.

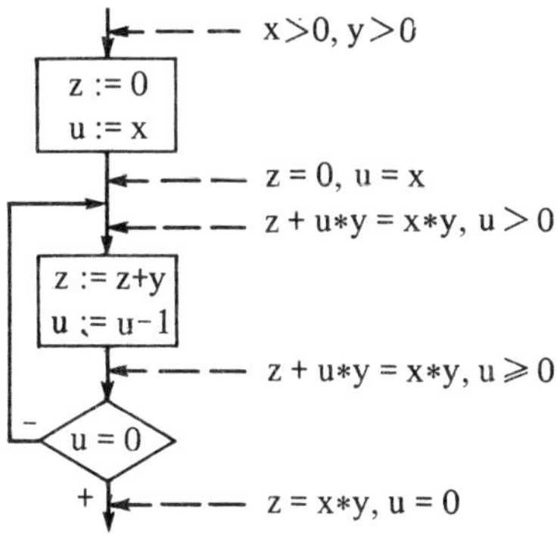

(5.10)

Am Rande sei hier angemerkt, daß die Aufteilung der Anweisungspaare in separate „Kästchen" in (5.8) und (5.9) die Reihenfolge der Ausführung der einzelnen Anweisungen strikt vorschreibt, obwohl dies eigentlich unnötig ist. Es läßt sich in der Tat leicht zeigen, daß dieselben Vorbedingungen und Konsequenzen gelten, wenn sie vertauscht werden. Das Programm ist also in gewissem Sinn überspezifiziert, was an dieser Stelle aber nicht stören soll.

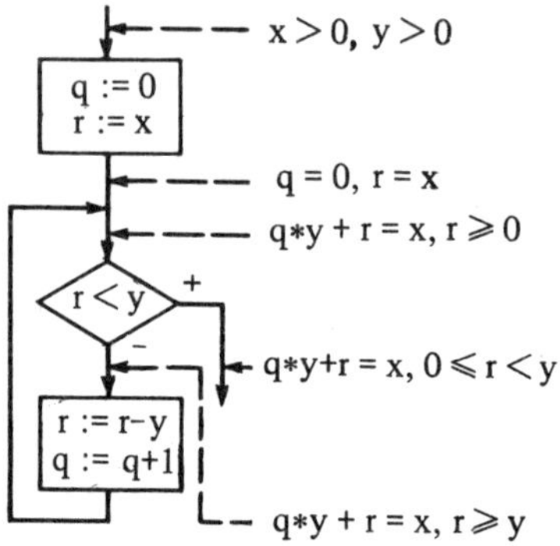

(5.11)

Die Ermittlung von Zusicherungen in einer Folge von Anweisungen auf Grund der Regeln (5.3) bis (5.7) ist im allgemeinen einfach, wenn entweder die erste Vorbedingung oder die letzte Konsequenz gegeben ist. Eine ernste Schwierigkeit tritt jedoch auf, sobald Repetitionen auftreten, sobald also ein Pfad im Programm auftritt, der sich schließt. In diesem Fall wird die Schleife an einer Stelle aufgeschnitten und an der Schnittstelle eine Zusicherung als Hypothese angenommen. Die Konsequenz der letzten Anweisung der jetzt linearen Folge muß dann die Vorbedingung der ersten Anweisung logisch enthalten, damit die Schleife geschlossen werden kann (s. Regel (5.4)). Als Hilfsregel gilt, daß die Schnittstelle mit Vorteil bei der Entscheidung gewählt wird, welche die Terminationsbedingung der Repetition darstellt. Die Terminationsbedingung zusammen mit der Zusicherung ergibt dann die Konsequenz der Wiederholungs-Anweisung.

Die Vorbedingung an der Schnittstelle wird Schleifen - I n v a r i a n t e genannt, weil sie eine Beziehung darstellt, die unter der wiederholten Ausführung der Anweisungen in der Schleife unverändert, invariant bleibt. In den Programmen (5.10) und (5.11) sind die Invarianten

$$(z + u*y = x*y) \wedge (u \geqslant 0)$$

und

$$(q*y + r = x) \wedge (r \geqslant 0) \tag{5.12}$$

Da Wiederholungen und Schleifen fundamentale Strukturen von Programmen und Prozessen sind, lohnt es sich, diese Ausführungen allgemein in der Form von Ableitungsregeln zu formulieren. Diese Regeln geben Aufschluß über die Art der Zusicherungen, die für die gesamte wiederholte Anweisung gegeben werden können, wenn das Verhalten der Anweisung selbst bekannt ist.

Ableitungsregel 1. Unter der V o r a u s s e t z u n g , daß eine Beziehung P über die Anweisung A invariant ist (d.h. nach der Anweisung gilt, falls sie vor der Anweisung erfüllt war), dargestellt durch

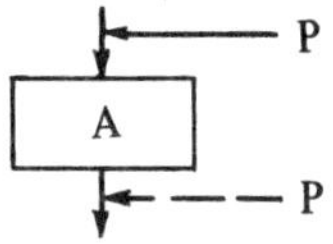

(5.13.1)

gilt für die Schleifenanweisung die F o l g e r u n g

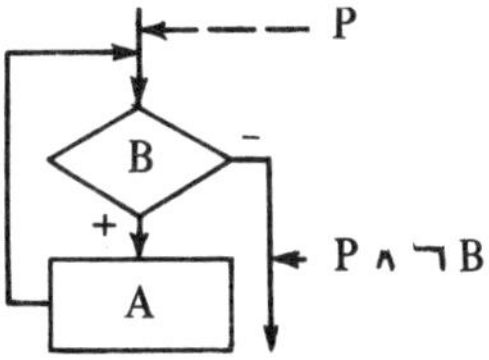

(5.13.2)

B e m e r k u n g : Die Voraussetzung kann sogar abgeschwächt werden zu

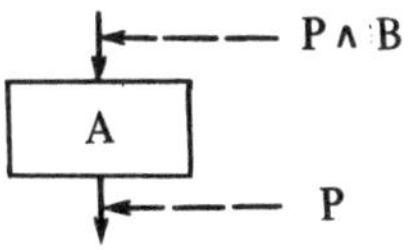

(5.13.3)

weil in der Schleife A lediglich ausgeführt wird, wenn B erfüllt ist.

Ableitungsregel 2. Unter den V o r a u s s e t z u n g e n , daß

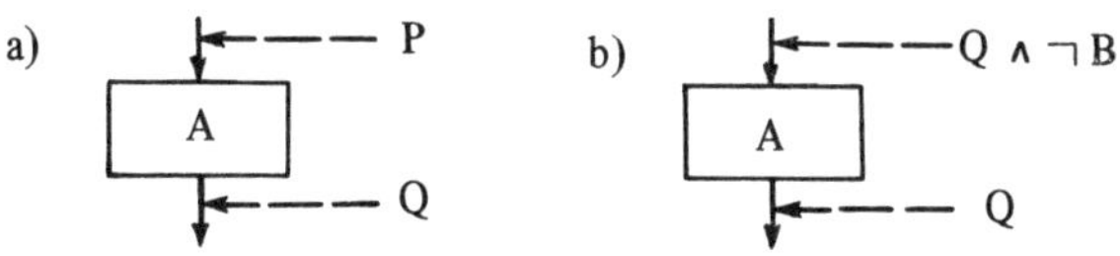

(5.14.1)

gilt für die folgende Schleifenanweisung die F o l g e r u n g

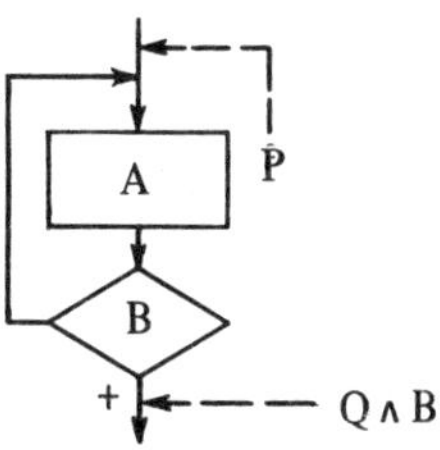

(5.14.2)

Man beachte, daß für diese zweite Grundform der repetierten Anweisung *zwei* Voraussetzungen erfüllt sein müssen, damit die Ableitungsregel anwendbar und aussagekräftig wird. Sie darf daher als die „gefährlichere" Form bezeichnet werden; viele und häufige Programmierfehler rühren von der Außerachtlassung der ersten Voraussetzung her. Im Zweifelsfalle empfiehlt sich also die Verwendung der Schleifenstruktur, in welcher die Entscheidung B der Anweisung A vorangeht.

Die vorangehenden Ausführungen sollen als grundlegende Anleitung dafür aufgefaßt werden, wie man sich von der Korrektheit und der Funktionsweise vorgegebener Programme überzeugen kann. Wichtiger aber ist, daß daraus ersichtlich wird, wie schwierig unter Umständen die Ermittlung einer zweckmäßigen Schleifen-Invarianten für ein vorhandenes Programm ist. Die Lehre, die jeder Programmierer daraus ziehen soll, ist, daß die *explizite Angabe der relevanten Schleifen-Invarianten* mit jeder Schleife das wichtigste Element jeder *Programm-Dokumentation* darstellt. Aber selbst wenn ein Programm zur ausschließlichen Verwendung durch seinen Autor bestimmt ist, kann die explizite Ermittlung von Invarianten manchen Fehler vermeiden helfen, der sonst nur durch einen großen Arbeits- und Rechenaufwand für empirisches Testen aufgedeckt werden kann und der meistens sogar ein Bestandteil des vermeintlich korrekten Programms bleibt.

Ebenso unerläßlich für eine gute Programm-Dokumentation ist die explizite Angabe der Wertebereiche der Variablen, insbesondere der zulässigen Anfangswerte der Variablen, von denen das Resultat abhängt. So wird z.B. eine Variable, welche nur ganzzahlige Werte annimmt, durch die Anmerkung

v: integer

gekennzeichnet.

Zum Abschluß seien die beiden Programme (5.1) und (5.2) in der Form zusammengefaßt, die diesen Überlegungen entspricht und als adäquat dokumentiert gelten darf.

Multiplikation zweier natürlicher Zahlen: Argumente sind x und y, Resultate und Hilfsvariablen sind z und u.

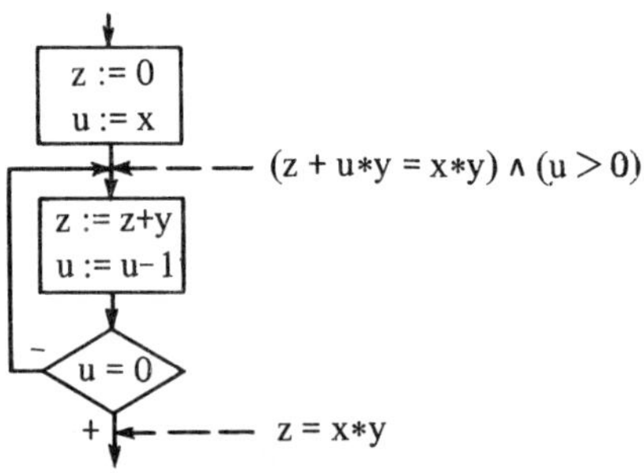

(5.15)

Division von x durch y. Argumente sind x und y, natürliche Zahlen. Resultate: q = ganzzahliger Quotient, r = Rest.

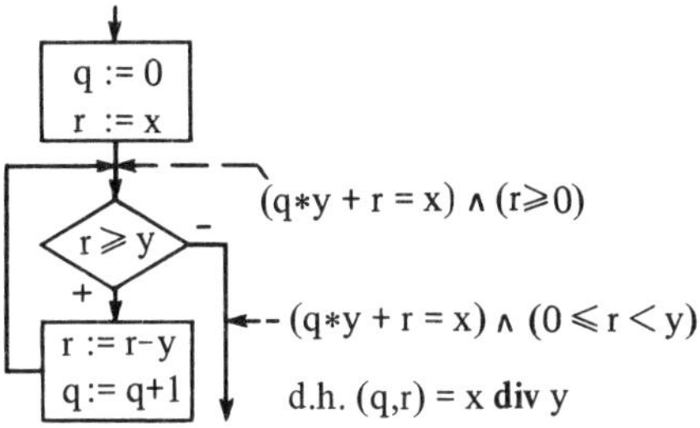

(5.16)

Übungen

1. Das folgende Programm berechnet

$$z := x*y,$$

wobei lediglich die Operationen der Addition, Verdoppelung und Halbierung verwendet werden. Die Argumente x und y seien natürliche Zahlen. u und v seien Hilfsvariablen mit ganzzahligen Werten.

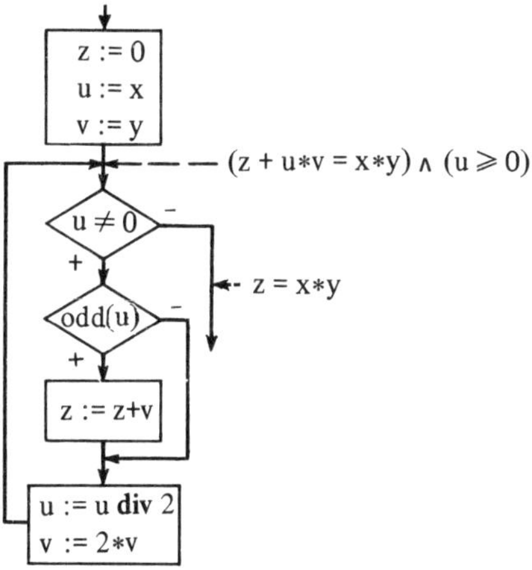

(5.17)

Das Prädikat odd (u) ist erfüllt, wenn u ungerade ist.

Man ermittle nach jeder Anweisung und Entscheidung gültige Zusicherungen, die unter Anwendung der Grundregeln (5.3) bis (5.6) aus den vorangehenden Zusicherungen abgeleitet werden können und hinreichend sind, um die nachfolgenden Zusicherungen abzuleiten.

2. Das folgende Programm berechnet den größten gemeinsamen Teiler (GGT) zweier natürlicher Zahlen x und y. a und b sind ganzzahlige Hilfsvariablen, deren Endwert das Resultat darstellt.

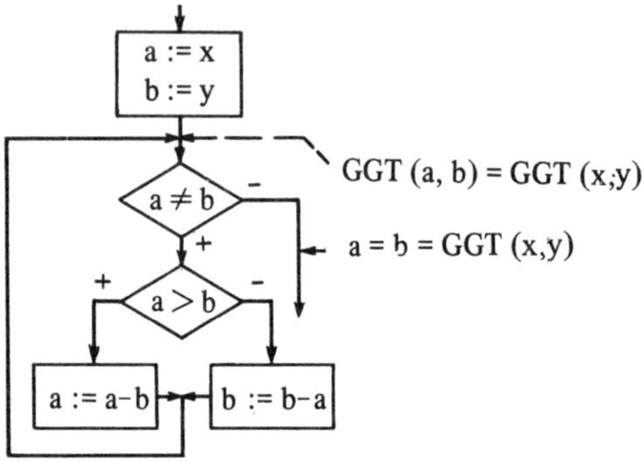

(5.18)

Man ermittle die notwendigen Zusicherungen wie in Übung 1, wobei die folgenden Beziehungen zur Verfügung stehen:

1. $u > v$: GGT (u, v) = GGT (u–v, v)
2. GGT (u, v) = GGT (v, u)
3. GGT (u, u) = u

3. Nach dem Muster des Programms (5.17) sei ein Programm zu entwickeln, das für gegebene natürliche Zahlen x und y den Wert $z = x^y$ berechnet. Man versehe das Programm mit den zur Verifikation nötigen Zusicherungen.

6. Endlichkeit von Programmen

Die Schleifenstruktur ist ein Charakteristikum von Computer-Programmen, denn sie spezifiziert die R e p e t i t i o n einer Handlung, wozu sich Automaten besonders gut eignen. Ihre Eigenschaft, selbst nach tausenden von Wiederholungen derselben Handlung weder zu ermüden noch in der Zuverlässigkeit und Exaktheit nachzulassen, ist besonders wertvoll. Andererseits ist gerade diese Unermüdlichkeit des Computers ein Grund für erhöhte Aufmerksamkeit auf der Seite des Programmierers. Er hat dafür zu sorgen, daß alle Prozesse, die nach einem bestimmten Programm ablaufen können, nach einer endlichen Anzahl von Wiederholungen t e r m i n i e r e n . Er muß die Endlichkeit des Programms garantieren können. Leider ist in der Praxis das Nichtterminieren eines Prozesses (genannt „Hängenbleiben" des Computers) ein ebenso häufiges wie kostspieliges Vorkommnis. Es kann mit der nötigen Gewissenhaftigkeit beim Programmieren verhältnismäßig leicht vermieden werden. Die dazu nötigen Vorsichtsmaßregeln sollen anhand des allgemeinen Strukturschemas (6.1) erläutert werden.

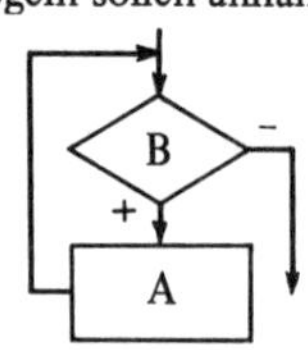

(6.1)

Offensichtlich ist es eine Minimalforderung, daß durch die Anweisung A (mindestens) eine Variable derart verändert wird, daß nach einer endlichen Anzahl von Durchläufen die Bedingung B nicht mehr erfüllt ist. Allgemein kann die Endlichkeit einer Repetition folgendermaßen hergeleitet werden: Es wird eine ganzzahlige Größe N in Abhängigkeit von Variablen des Programms postuliert und gezeigt,

1. daß $N \geqslant 0$ gilt, falls B erfüllt ist, und
2. daß der Wert von N durch die Ausführung von A stets abnimmt.

Die Anwendung dieser Regel sei am Beispiel des Programms (5.2) erläutert. Die Anweisung A lautet

```
r := r-y
q := q+1
```

und die Bedingung B heißt

$$r \geqslant y$$

Dabei sind r, q, y natürliche Zahlen. Es werde $N = r - y$ gewählt. Da sowohl

1. $r \geqslant y$ stets $N \geqslant 0$ impliziert und
2. durch Ausführung von A der Wert von r (und damit auch von $r - y$) stets abnimmt, da $y > 0$,

ist die Endlichkeit des Programms erwiesen. (Man beachte die Unerläßlichkeit der Bedingung $y > 0$.)

Als zweites Beispiel zur Anwendung der obigen Verfahrensregel diene das Programm (5.18). Die Anweisung A lautet

a := a−b wenn $a > b$
oder b := b−a wenn $b > a$,

und die Bedingung B heißt $a = b$. Dabei sind a und b natürliche Zahlen, mit Anfangswerten $a > 0$, $b > 0$ und $a \neq b$.

Eine zweckmäßige Wahl von N ist

$$N = \max(a,b)$$

Der Effekt von A auf N muß in zwei gesonderten Fällen betrachtet werden. Ist $a > b$, so bleibt b unverändert, und der Wert von a wird um b erniedrigt. Da anfänglich $a > 0$, $b > 0$ und $a \neq b$, bleiben die ersten Beziehungen erhalten, und N nimmt ab. Ist $b > a$, so bleibt a unverändert, $b = \max(a,b) = N$ nimmt um den Betrag a ab, und die Beziehungen $a > 0$ und $b > 0$ bleiben erhalten. Da also $N = \max(a,b)$ stets abnimmt, anderseits aber $\min(a,b)$ positiv bleibt, muß nach einer endlichen Anzahl von Durchläufen $\max(a,b) = \min(a,b)$ werden, also $a \neq b$ nicht mehr erfüllt sein. Damit ist die Endlichkeit dieses Programms erwiesen.

Übungen

1. Man bestimme die hinreichenden Anfangsbedingungen für die Wertebereiche von x und y, welche die Endlichkeit der Programme der Übungen 1 und 3, S. 31/32, garantieren.

2. Für welche Wertebereiche von x und y ist das folgende Programm endlich?

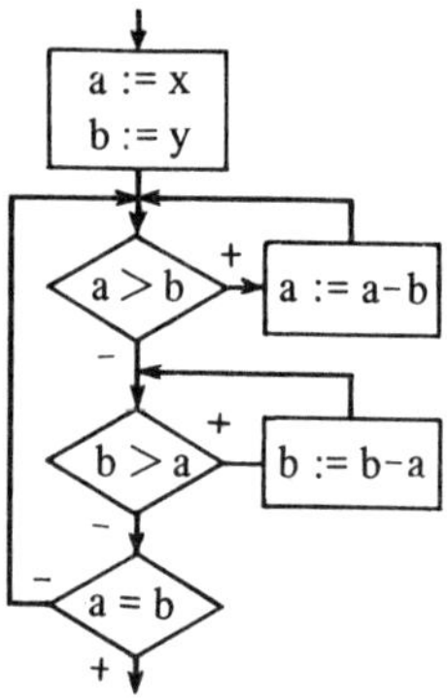

(6.2)

3. Unter welchen Anfangsbedingungen berechnet das Programm (6.2) den größten gemeinsamen Teiler von x und y ? Man stelle die notwendigen und hinreichenden Zusicherungen auf.

7. Lineare Notation, Programmiersprachen

7.1. Übersicht

Die Darstellung von Programmen durch Flußdiagramme ist für den Einsatz von Rechenanlagen ungeeignet. Die zweidimensionale, bildliche Form kann von den üblichen Datenerfassungsgeräten nicht verarbeitet werden. Programme, die in der Form von Flußdiagrammen vorliegen, müssen daher zuerst in eine maschinell erfaßbare Form übersetzt werden. Bei dieser Übersetzung können sich jedoch leicht Fehler einschleichen, und es stellt sich unwillkürlich die Frage, welche der Formen als gültige Definition des Programms angesehen werden soll. Es erscheint als wünschenswert, Programme in einer Darstellungsweise zu verfassen, die sowohl für den Autor leserlich, übersichtlich und wohldefiniert als auch von Maschinen direkt verarbeitbar ist.

Die am weitesten verbreiteten Datenerfassungsgeräte sind der Lochkartenleser und die Schreibmaschine. In beiden Fällen haben die angenommenen Daten die Form von *linearen Folgen von Schriftzeichen* und stellen einen linearen Text dar. Notationen für Programme, welche die Form von Texten haben, werden üblicherweise als Sprachen oder, genauer, als *Programmiersprachen* bezeichnet. Diese Sprachen sind nach gewissen Aufbauregeln aufgebaut, welche die zulässigen „Formel-Anweisungen" genau spezifizieren. Die Menge der Aufbauregeln wird Syntax genannt. Da Programme, die in diesen Sprachen verfaßt sind, von Automaten mit verhältnismäßig geringem Verständnisbereich direkt gelesen und verarbeitet werden, ist die Forderung nach einer genauesten Einhaltung dieser syntaktischen Regeln nicht überraschend. Das Erlernen einer Programmiersprache umfaßt daher nicht nur das Verstehen der Bedeutung der verschiedenen Satzkonstruktionen, sondern auch die Kenntnis der Aufbauregeln und Erfahrung in deren Anwendung. Letzteres nimmt im Vergleich zu natürlichen (lebenden) Sprachen am Anfang einen relativ großen Raum ein – dies besonders in Anbetracht der Wichtigkeit, Programme nicht nur lesen und verstehen, sondern auch konzipieren und formulieren zu lernen.

Wenn von trivialen Programmieraufgaben abgesehen wird, so besteht die Hauptarbeit in der Konzeption und Verifizierung eines Algorithmus; seine Niederschrift in einer bestimmten Notation ist dagegen fast vernachlässigbar. Die Entwicklung eines Algorithmus ist sehr oft ein komplizierter und langwieriger Vorgang, währenddessen die endgültige Lösung schrittweise angenähert wird. In jedem dieser Schritte werden Einzelheiten genauer spezifiziert, die im vorangehenden Schritt noch offengelassen wurden. Die dabei verwendete Notation soll möglichst dem behandelten Problem (und den Fähigkeiten des Autors) angepaßt werden und braucht durchaus nicht die maschinenlesbare Form einer Formelsprache zu sein. Sie kann sehr wohl diejenige von Flußdiagrammen oder mathematischen Formeln annehmen. Immerhin ist die Programmiersprache, in welcher die endgültige Version des Programmes vorliegen soll, wegleitend. Aus diesem Grunde ist es unumgänglich, daß eine solche „Zielnotation" bereits am Anfang eines Programmierkurses eingeführt wird. Es sei jedoch an dieser Stelle betont, daß das Hauptanliegen eines Programmierkurses die Konzeption von Algorithmen sein soll und nicht das Exerzieren mit allen möglichen Satzkonstruktionen einer bestimmten Programmiersprache.

Das Codieren eines Algorithmus in einer bestimmten Notation, z.B. dem Befehlscode eines Computers, ist eine zwar komplizierte, jedoch weitgehend mechanische und mechanisierbare Arbeit. Bemühungen, diese Arbeit zu verringern, sind daher naheliegend. Erstrebenswert ist die Schaffung einer Sprache, die einerseits die Konzepte enthält, welche der Programmierer bei seiner Arbeit häufig gebraucht und welche diese klar und natürlich zu beschreiben gestattet, und die andererseits von Automaten ökonomisch verarbeitbar ist. Bemühungen, eine solche sowohl programmierer- als auch maschinenorientierte Sprache zu entwickeln, waren stets durch das im Vordergrund stehende Anwendungsgebiet gekennzeichnet. Besonders geeignet für die Schaffung einer konzisen Sprache war von Anfang an das Gebiet der numerischen Mathematik, da die bereits gängige Formelnotation der Mathematik weitgehend übernommen und erweitert werden konnte. Diese Ideen wurden zuerst von H. Rutishauser im Jahre 1952 aufgegriffen und formuliert. Sie fanden aber erst weitere Verbreitung, als 1956/57 die Firma IBM eine Formelsprache, genannt FORTRAN, veröffentlichte und mit ihren Rechenanlagen ein Programm zur Verfügung stellte, das in FORTRAN formulierte Programme in Maschinencode umsetzte (FORmula TRANslator). Damit war die Idee der Formelsprache nicht nur theoretisch, sondern auch praktisch, d.h. ökonomisch, interessant geworden. Allerdings verriet die Form der Sprache FORTRAN noch leicht ihre Orientierung an einem bestimmten Computertyp und war in einer Weise organisiert und definiert, die in mancher Hinsicht zu wünschen übrig ließ.

Erst im Jahre 1958 wurden die Grundideen von H. Rutishauser durch eine Gruppe internationaler Fachleute aufgegriffen und zusammenfassend als Programmiersprache definiert. Die damals vorgeschlagene Notation wurde ALGOL genannt (ALGOrithmic Language); sie ist der Vorläufer der in weiten wissenschaftlichen Kreisen bekannten und benutzten Programmiersprache ALGOL 60. Die Sprache ALGOL 60 wurde im Jahre 1960 durch eine Gruppe von 13 Wissenschaftlern ausgearbeitet und von P. Naur formuliert; sie unterscheidet sich von FORTRAN vor allem darin, daß sie durch ein verhältnismäßig kurzes Dokument definiert ist; anstelle der Ausrichtung auf einen bestimmten Computertyp tritt die weitgehende Anlehnung an die bereits gängige mathematische Formeltradition. Zur Festlegung der syntaktischen Struktur wurde erstmals ein Formalismus angewandt, welcher gestattet, algorithmisch festzustellen, ob ein gegebener Text den Sprachregeln genügt. Dieser Formalismus ist als Backus-Naur-Formalismus bekannt (BNF) und wurde später zur Definition vieler anderer Programmiersprachen verwendet [6].

Im Gebiet der kommerziellen Datenverarbeitung wurden ähnliche Anstrengungen unternommen. 1962 wurde auf Anregung des U.S. Department of Defense die Programmiersprache COBOL entwickelt (COmmon Business Oriented Language), die den Problemstellungen und Denkweisen der kommerziellen Datenverarbeitung angepaßt ist. COBOL darf heute füglich als eine der am weitesten verbreiteten Sprachen bezeichnet werden; sie steht jedoch bezüglich klarer Definition, Systematik des Aufbaus und Eignung für den Programmierunterricht sogar hinter FORTRAN zurück.

Eine negative Auswirkung der raschen Verbreitung dieser frühen und stark auf ein Anwendungsgebiet ausgerichteten Sprachen war die Spaltung der Welt der Programmierung in eine sogenannte wissenschaftliche und eine kommerzielle Programmierung. Da zudem die Tätigkeit des Programmierens vor allem als ein Codieren von gegebenen Algorithmen in einer bestimmten Sprache aufgefaßt wurde, verbreitete sich zusehends die Ansicht, daß „wissenschaftliche" und „kommerzielle" Programmierung eigenen Grundsätzen zu folgen hätten, und daß zukünftige Angehörige der beiden Berufsgruppen mit Vorteil getrennten Lehrgängen folgten. In der Tat aber sind die grundlegenden Gedankengänge und die elementaren Objekte, die zur Konzeption von Programmen verwendet werden, dieselben, ungeachtet des Anwendungsgebietes.

Eine Anstrengung, die beiden „Lager" durch eine gemeinsame Sprache einander wieder näher zu bringen, wurde in den Jahre 1964–67 von der Firma IBM unternommen: Es wurde eine Sprache definiert, die nicht nur maschinenunabhängig, sondern auch für alle bisher bekannten Anwendungszweige gleich zweckmäßig sein sollte. Diese Sprache ist heute unter dem Namen PL/I bekannt. Die Sprache selbst, wie auch ihre Beschreibung, haben erwartungsgemäß einen beachtlichen Umfang angenommen, und PL/I erscheint wegen des Mangels an Systematik und Überblickbarkeit – der auf Grund der langen Entwicklungsgeschichte wohl verständlich ist – als eine für didaktische Zwecke ungeeignete Grundlage.

Im Hinblick darauf, daß das Hauptanliegen des Programmierkurses die Konzeption von Programmen ist, wohingegen das eigentliche Codieren erst in zweiter Linie folgt, wird im folgenden eine Notation eingeführt und verwendet, die mit keiner der oben genannten Sprachen identisch ist. Sie soll vor allem die elementaren Konzepte der Computer-Programmierung möglichst natürlich, verständlich und konzis widerspiegeln. Darüberhinaus sollen die sprachlichen Aufbauregeln einfach, zweckmäßig und systematisch sein, so daß deren Erlernen keine besonderen Schwierigkeiten bereitet. Diesen Forderungen entspricht unter den oben genannten Sprachen ALGOL 60 weitaus am besten. Die hier verwendete Notation ist daher in enger Anlehnung an ALGOL 60 definiert und kann füglich als eine Erweiterung von ALGOL 60 bezeichnet werden [12].

Gemäß obigen Ausführungen sollen die einzelnen Sprachelemente erst dann eingeführt werden, wenn – in logischer Folge – diejenigen Konzepte eingeführt werden, welche durch die betreffenden Sprachelemente beschrieben sind. An dieser Stelle seien daher lediglich die Regeln kurz erklärt, die den syntaktischen Aufbau der Sprache definieren.

Jeder Sprache liegt ein V o k a b u l a r zugrunde. Sätze, d.h. Programme, werden aufgebaut, indem G r u n d s y m b o l e aus diesem Vokabular linear aneinandergereiht sind, und zwar derart, daß die A u f b a u - oder S y n t a x - R e g e l n eingehalten werden. Das Vokabular besteht aus Buchstaben, Ziffern und Spezialzeichen (z.B. + – *). Da die Menge der in Programmiersprachen verwendeten Spezialzeichen relativ groß ist, werden zur Erhöhung der Verständlichkeit dafür auch englische Wörter verwendet. Um jedoch klar zu machen, daß es sich dabei nicht um Buchstabenfolgen, sondern um Grundsymbole handelt, werden diese speziell durch Fettdruck ausgezeichnet (z.B. **begin end**). Das Vokabular ist im Anhang A angegeben.
Die Syntax-Regeln sind in einer Art und Weise formuliert, die es gestattet, möglichst leicht und rasch festzustellen, ob eine Grundzeichenfolge legal ist. Die Regeln sind durch Flußdiagramme dargestellt und heißen S y n t a x - D i a g r a m m e . (Sie sind ebenfalls im Anhang A aufgezeichnet). Die möglichen Pfade stellen die möglichen Zeichenfolgen dar. Ausgehend vom Diagramm mit dem Titel „Programm" wird entlang dem ausgewählten Pfad entweder auf ein anderes Diagramm übergegangen, wenn ein Viereck angetroffen wird, oder im Text das Grundsymbol s angefügt (oder abgestrichen), wenn ein Kreis mit s angetroffen wird.

Beispiel: Bezeichner

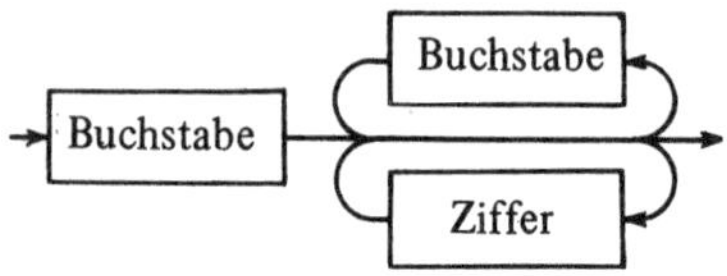

(7.1)

Aus diesem Diagramm ergeben sich als mögliche Symbolfolgen unter anderen

A
ABCDEF
A15
Q2P9
Meier19

jedoch keine der folgenden

SBB-CFF
C.F.MEIER
7X

7.2. Ausdrücke und Anweisungen

Durch die Satzstruktur einer Sprache werden einzelne Satzkomponenten definiert. Unter den wichtigsten und in fast allen Programmiersprachen enthaltenen Satzteilen sind der Ausdruck und die Anweisung besonders hervorzuheben.

Ein A u s d r u c k (expression) ist eine Formel (eine Rechenregel), die stets einen Wert (ein Resultat) spezifiziert. Der Ausdruck besteht aus O p e r a n d e n und Operatoren. Die Operanden sind entweder Konstanten (z.B. Zahlen), Variablen oder Funktionen. Operatoren werden üblicherweise eingeteilt in m o n a d i s c h e O p e r a t o r e n (einstellige) und d y a d i s c h e O p e r a t o r e n (zweistellig). Sofern Ausdrücke mit mehr als einem Operator vorkommen, muß die Reihenfolge ihrer Ausführung definiert sein. Dies geschieht entweder, indem explizit Klammern um die einzelnen Operanden angeführt werden, oder indem die Reihenfolge implizit durch Sprachregeln festgelegt wird. In den meisten gängigen Sprachen werden die dyadischen Operatoren weiter unterteilt in (mindestens) zwei Klassen: additive und multiplikative Operatoren. Dabei wird den letzteren eine größere B i n d u n g s - s t ä r k e (Vorrang, Priorität) zugemessen. Ferner gilt die Regel, daß Sequenzen von Operatoren der gleichen Klasse strikte von links nach rechts ausgewertet werden. Diese Regeln sind anhand der folgenden Beispiele veranschaulicht:

$$\begin{aligned} x + y + z &= (x+y) + z \\ x * y + z &= (x*y) + z \\ x + y * z &= x + (y*z) \end{aligned} \qquad (7.2)$$

$$\begin{aligned}
x - y * z - w &= (x - (y*z)) - w \\
x * y - z * w &= (x*y) - (z*w) \\
- x + y / x &= (-x) + (y/z) \\
x * y / z &= (x*y) / z \\
x / y * z &= (x/y) * z
\end{aligned}$$

Unter den *Anweisungen* ist die Wertzuweisung die elementarste. Sie wird dargestellt durch

$$V := A \tag{7.3}$$

wobei V eine Variable und A ein Ausdruck sind. Die Anweisung besagt, daß A ausgewertet und danach das Resultat V zugewiesen werde. Während also ein Ausdruck einen *Wert* besitzt, hat die Anweisung einen *Effekt*.

Folgen von Anweisungen, bedingte Anweisungen und repetierte Anweisungen werden durch Satzstrukturen beschrieben, die *strukturierte* Anweisungen genannt werden. Im folgenden sollen sechs Anweisungsformen beschrieben werden, die häufig vorkommende Grundstrukturen darstellen. Ihre Bedeutung wird anhand von äquivalenten Flußdiagrammen beschrieben.

Strukturierte Anweisungen.

1. Zusammengesetzte Anweisung

begin A1; A2; . . . ; An **end** (7.4)

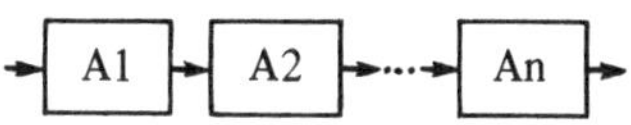

Der Strichpunkt ist ein Folgeoperator; er besagt, daß die nachfolgende Anweisung erst ausgeführt wird, wenn die vorangehende beendet ist. Die Grundsymbole **begin** und **end** stellen „dicke" Klammern dar. Da Anweisungsfolgen oft eine beachtliche Länge einnehmen können, ist die Verwendung von auffälligen Klammern von Vorteil, um die engere Zusammengehörigkeit einer Anweisungsfolge hervorzuheben.

2. Bedingte Anweisungen

if B **then** A1 **else** A2   **if** B **then** A (7.5)

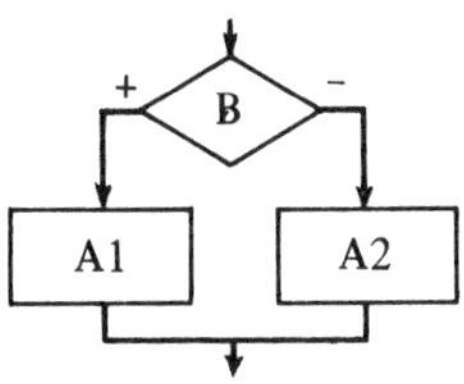

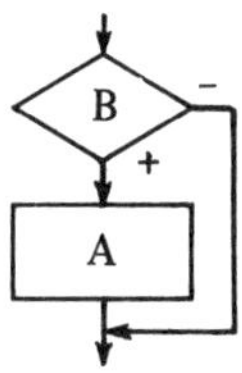

Die zweite Form kann als eine Kurzform der ersten aufgefaßt werden, in welcher die Alternative A2 fehlt.

Hier wird nun auch die Verwendung von Anweisungsklammern sinnvoll: So bedeutet z.B. die Anweisungsfolge

if B **then** A1 ; A2 (7.6.1)

dasselbe wie

begin if B **then** A1 **end** ; A2 (7.6.2)

jedoch nicht dasselbe wie die Anweisung

if B **then begin** A1 ; A2 **end** (7.6.3)

3. Repetierte Anweisungen

while B **do** A   **repeat** A **until** B (7.7)

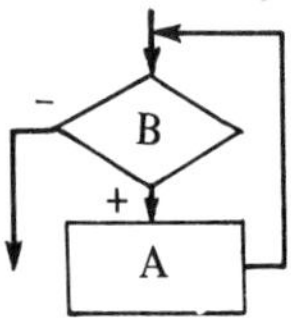

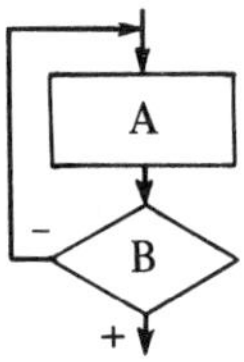

A n m e r k u n g : Da im zweiten Fall die Grundsymbole **repeat** und **until** bereits ein Klammernpaar darstellen, wird auch die Form

repeat A1 ; A2 ; . . . ; An **until** B

verwendet, ohne daß zusätzlich ein **begin end** Paar nötig ist.

4. Selektive Anweisungen

case E **of** w1:A1 ; w2:A2 ; . . . ; wn:An **end** (7.8)

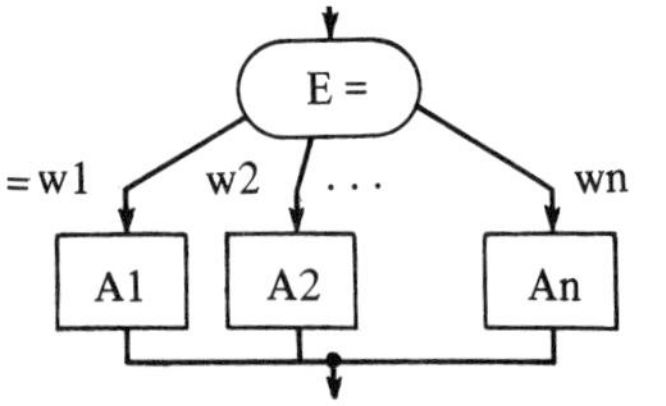

Falls der Ausdruck E den Wert w_i besitzt, wird die Anweisung A_i zur Ausführung ausgewählt ($w_i \neq w_j$ für $i \neq j$).

A n m e r k u n g : Die Form

$w_i, w_j, \ldots w_k$: A wird verwendet, wenn $A_i=A_j= \ldots =A_k=A$

Wie in der Schreibweise der Flußdiagramme soll es auch leicht möglich sein, das Programm mit Kommentaren, Zusicherungen zur Verifikation etc. zu versehen. Dazu soll die Konvention eingeführt werden, daß jeglicher Text zwischen den Kommentarklammern { und } für den durch das Programm beschriebenen Prozeß irrelevant ist und daher vom Prozessor ignoriert werden darf. Dadurch wird es auch möglich, die elementaren Verifikationsregeln für die grundlegenden Programmschemen in linearer Notation zu formulieren.

Verifikationsregeln in linearer Notation

1. Wertzuweisung $\{P(w)\}$ v := w $\{P(v)\}$ (7.9)

2. Anweisungsfolge

Voraussetzungen	$\{P\}$ A1 $\{Q\}$	
	$\{Q\}$ A2 $\{R\}$	(7.10)
Folgerung	$\{P\}$ A1; A2 $\{R\}$	

3. Bedingte Anweisungen

Voraussetzungen	$\{P \wedge B\}$ A1 $\{Q\}$	
	$\{P \wedge \neg B\}$ A2 $\{Q\}$	(7.11)
Folgerung	$\{P\}$ **if** B **then** A1 **else** A2 $\{Q\}$	
Voraussetzungen	$\{P \wedge B\}$ A $\{Q\}$	
	$\{P \wedge \neg B \supset Q\}$	(7.12)
	$\{P\}$ **if** B **then** A $\{Q\}$	

4. Repetierte Anweisungen

Voraussetzung	$\{P \wedge B\}$ A $\{P\}$	(7.13)
Folgerung	$\{P\}$ **while** B **do** A $\{P \wedge \neg B\}$	
Voraussetzungen	$\{P\}$ A $\{Q\}$	
	$\{Q \wedge - B\}$ A $\{Q\}$	(7.14)
Folgerung	$\{P\}$ **repeat** A **until** B $\{Q\}$	

5. Selektive Anweisung

Voraussetzungen	$\{P \wedge (E=w_i)\}$ A_i $\{Q\}$ für alle i	
Folgerung	$\{P\}$ **case** E **of** w_1 : A_1; ... ; w_n: A_n **end** $\{Q\}$	
		(7.15)

7.3. Einfache Programme in linearer Notation

Die soweit eingeführten Ausdrucksmittel gestatten es bereits, die in den vorangegangenen Abschnitten behandelten Programme in der linearen Schreibweise zu formulieren:

1. Multiplikation zweier natürlicher Zahlen x und y (s. (5.15))

```
begin z := 0; u := x;
   repeat { z + u*y = x*y, u > 0 }                    (7.16)
      z := z+y; u := u-1
   until u = 0
end
```

2. Ganzzahlige Division zweier natürlicher Zahlen x und y (s. (5.16))

```
begin q := 0; r := x;
   while r ≥ y do
   begin { q*y + r = x, r ≥ y }                       (7.17)
      r := r-y; q := q+1
   end
end
```

3. Multiplikation zweier natürlicher Zahlen x und y nach (5.17)

```
begin z := 0; u := x; v := y;
   while u ≠ 0 do
   begin { z + u*v = x*y, u > 0 }                     (7.18)
      if odd(u) then z := z + v;
      u := u div 2; v := 2*v
   end
   { z = x*y }
end
```

4. Berechnung des größten gemeinsamen Teilers zweier natürlicher Zahlen x und y (s. (5.18))

```
begin a := x; b := y;
   while a ≠ b do
      if a > b then a := a-b else b := b-a            (7.19)
      { GGT(a,b) = GGT(x,y) }
   {GGT (x,y) = a = b}
end
```

Man beachte, daß die Struktur der Programme aus der Schreibweise hervorgeht. Dies wird dadurch erreicht, daß Anweisungen, die zu einer Gruppe gehören, die entweder einer Bedingung oder Repetitionsklausel unterworfen ist, in gleicher Weise eingerückt werden. Insbesondere ist darauf zu achten, daß zusammengehörige Anweisungsklammern klar ersichtlich mit gleicher Einrückung untereinander zu stehen kommen.

Die beiden Programme (7.16) und (7.18) berechnen dieselben Resultate. Sie unterscheiden sich jedoch durch den dazu benötigten R e c h e n a u f w a n d . Dieser kann ermittelt werden, indem die auszuführenden Operationen gezählt werden. Für Programm (7.16) gilt, daß während jeder Repetition zwei Additionen und zwei Wertzuweisungen vorgenommen werden. Wird der Aufwand für eine Wertzuweisung mit z, derjenige für eine Addition mit a angegeben, so beträgt der gesamte Aufwand für Programm (7.16)

$$2z + 2(z+a)*x \tag{7.20}$$

Demgegenüber benötigt ein Prozeß nach (7.18) während jeder Repetition eine Halbierung, eine Verdoppelung, eine Prüfung auf Ungerade sowie entweder zwei Wertzuweisungen oder drei Wertzuweisungen und eine Addition. Diese Fallunterscheidung macht die genaue Angabe des Aufwandes im Allgemeinfall unmöglich, hingegen können Minimal- und Maximalwerte leicht angegeben werden. Wichtiger hingegen ist die Feststellung, daß in jedem Durchlauf u halbiert wird (ohne Rest!) und daß daher höchstens log x Wiederholungen ausgeführt werden. Der maximale Rechenaufwand für Programm (7.18) ist daher

$$3z + \log x * (3z + a + 2h) \tag{7.21}$$

Da Computer mit interner binärer Zahlendarstellung Verdoppelungen, Halbierungen und Prüfungen auf Ungerade sehr rasch ausführen können, ist das Programm (7.18) bereits für kleinste Werte von x wesentlich überlegen und sicher vorzuziehen.

Das folgende Programm (7.22) stellt eine auf dem gleichen Prinzip beruhende Verbesserung des Divisionsprogramms (7.17) dar. Man beachte die Invarianten der Repetition, auf Grund deren die Richtigkeit und die Funktionsweise des Algorithmus leicht ersichtlich sind. q, r und w seien Variablen mit natürlichen Zahlenwerten.

Programm zur Division zweier natürlicher Zahlen x und y

```
begin r := x;  q := 0;  w := y;
   while w ≤ r do w := 2*w;                          (7.22)
   { w = 2^n*y > x }
   while w ≠ y do
   begin { q*w + r = x, r ≥ 0 }
      q := 2*q;  w := w div 2;
      if w ≤ r then
         begin r := r-w;  q := q+1
         end
   end
   { q*y + r = x, 0 ≤ r < y; q = x div y }
end.
```

Die Reduktion des Arbeitsaufwandes wird wiederum dadurch erreicht, daß die Repetition nicht mehr x **div** y mal, sondern nur noch log x/y mal auszuführen ist.

Indem wiederholte Subtraktionen durch eine Division ersetzt werden, kann auch das

Programm (6.2) zur Berechnung des größten gemeinsamen Teilers zweier Zahlen in eine effizientere Version verwandelt werden. Um die Notation zu vereinfachen, werde der Operator **mod** (Modulus) eingeführt, so daß für beliebige Zahlen $x \geqslant 0$ und $y > 0$ der ganzzahlige Quotient mit

$$q = x \text{ \textbf{div} } y \tag{7.23.1}$$

und der Rest mit

$$r = x \text{ \textbf{mod} } y \tag{7.23.2}$$

angegeben werden kann. Es gilt also stets

$$(x \text{ \textbf{div} } y) * y + (x \text{ \textbf{mod} } y) = x \tag{7.23.3}$$

Die wiederholte Subtraktion

$$\textbf{while } a \geqslant b \textbf{ do } a := a-b \tag{7.24.1}$$

kann daher ersetzt werden durch die Operation

$$a := a \text{ \textbf{mod} } b \tag{7.24.2}$$

wonach $a < b$ gilt. Damit lautet das Programm (6.2)

```
begin a := x; b := y;
   repeat { a > 0, b > 0 }                                  (7.25)
      while a > b do a := a-b;
      while b > a do b := b-a;
   until a = b
   { a = b = GGT(x,y) }
end
```

und die Version ohne wiederholte Subtraktion lautet

```
begin a := x; b := y;
   repeat { a > 0, b > 0 }                                  (7.26)
      if a ≥ b then a := a mod b;
            { 0 ≤ a < b }
      if a > 0 then b := b mod a else Vertausche (a,b)
   until b = 0
   { a = GGT(x,y) }
end.
```

Diese Version zur Berechnung des GGT zweier natürlicher Zahlen wurde bereits von Euklid angegeben und ist als eines der frühesten Beispiele eines Algorithmus bekannt. Er wird meistens in der noch einfacheren Form (7.27) zitiert:

```
begin a := x; b:= y;
   repeat a := a mod b; Vertausche (a,b)                    (7.27)
   until b = 0
   { a = GGT(x,y) }
end.
```

Zur Verifikation wird zweckmäßig die Beziehung

$$x \geq y > 0 : \mathrm{GGT}(x,y) = \mathrm{GGT}\,(x \textbf{ mod } y, x) \tag{7.28}$$

verwendet.

Übungen

1. Man bestimme anhand der Syntax-Diagramme (s. Anhang A), welche der untenstehenden Zeichenfolgen Zahlen, Konstanten, Variablen, Faktoren, Terme, Ausdrücke und Anweisungen sein können. Man beachte die Klassifizierung folgender Operatoren in drei Klassen, wobei die Vergleichsoperatoren die kleinste Bindungsstärke besitzen:

Vergleichsoperatoren:	= ≠ < ⩽ ⩾ >
Additive Operatoren:	+ – ∨
Multiplikative Operatoren:	* / **div mod** ∧

Zahlen:

0.31	+ 237.2	3,5	–0.005
4.555	3+5	3E5	zwei
33,75	.389	1E00	E15
10E-4	1.5E+2	00037	3 250

Konstanten:

100	true	+15.5	rot
'A'	nein	9/5	'*'

Variablen:

x	A[i]	x+y	B[i,j]

Faktoren:

B[i, j]	sin (x)	P	p ∨ q
(x)	x*y	x–y	exp (y*ln (x))

Terme:

(x)	x*y	x–y	(x–y)

Ausdrücke:

x	2	a = b	+x*y
(x)	(x ⩽ y) ∧ (y < z)	p < q ∨ r < s	true

Anweisungen:

a := b	a := 1	1 := a	sin x+y)

begin a := 1 **end**
if a = 2 **then** a := a+1 **else** P (x, y)
while a > 0 **do** a := a–1 **end**
if x < y **then;** z := true; **else** z := false
repeat z := z + 1.5, y := y–1 **until** u = 0

2. Die folgenden Ausdrücke sind auszuwerten:

2 * 3–4 * 5 =
15 **div** 4 * 4 =
80 / 5 / 3 =
2 / 3 * 2 =

Man schreibe die folgenden Ausdrücke in linearer Notation:

$$a^2 - c + \cfrac{a}{b*c + \cfrac{c}{d + \cfrac{e}{f}}} \qquad \frac{-b + \sqrt{b^2 - 4ac}}{2a}$$

$$\frac{1}{2} * \ln \left| \frac{w - a}{w + a} \right| \qquad \frac{\frac{1}{a} + \frac{1}{b}}{c + d}$$

3. Man führe die angegebenen Programme mit den angegebenen Werten für x und y aus und stelle eine Trace-Tabelle auf:

1. Programme (7.16) und (7.18)
   (x,y) = (3,5), (2,11), (10,8), (19,2)
2. Programme (7.17) und (7.22)
   (x,y) = (83,15), (117,9), (23,27), (1191, 37)
3. Programme (7.19), (7,25) und (7.27)
   (x, y) = (84,36), (36,84), (770,441), (15,15)

4. Man ermittle untere und obere Grenzen für die Anzahl auszuführender Operationen in Abhängigkeit von x und y im Programm (7.22) und bestimme zur Verifizierung notwendige und hinreichende Zusicherungen nach jeder Anweisung.

5. Man übersetze folgendes Flußdiagramm in lineare Notation; das Programm berechnet GGT (x, y) und zudem zwei Multiplikatoren c und d, so daß

$$c*x + d*y = \text{GGT}(x, y)$$

Man gebe die zur Verifikation notwendigen und hinreichenden Zusicherungen an.

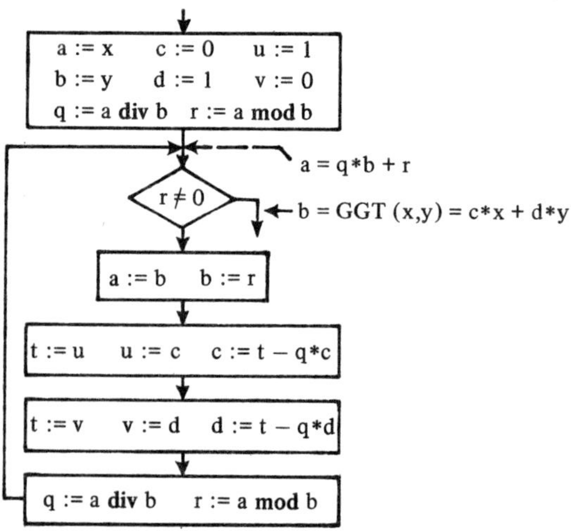

(7.29)

6. Man erstelle ein Programm mit den nötigen Zusicherungen zur Verifikation, das den größten gemeinsamen Teiler GGT (x, y) zweier natürlicher Zahlen auf Grund folgender Beziehungen berechnet:

1. GGT (2*m, 2*n) = 2*GGT (m, n)
2. odd (n): GGT (2*m, n) = GGT (m, n)
3. m > n : GGT (m–n, n) = GGT (m, n)
4. GGT (n, m) = GGT (m, n)
5. odd (m) ∧ odd (n) : ¬odd (m–n)

Im Programm sind lediglich Subtraktionen, Vergleiche, Halbierungen und Verdoppelungen zu verwenden.

7. Von den drei Bedingungen P, Q und R gelte stets genau eine. Die Wahrscheinlichkeit, daß P erfüllt ist, sei W_P (analog seien W_Q und W_P definiert). Man bestimme den mittleren Erwartungswert der Anzahl notwendiger Prüfungen von P, Q oder R in den drei folgenden Anweisungen als Funktionen der Wahrscheinlichkeiten W_P, W_Q, W_R.

1. **if** P **then** A **else if** Q **then** B **else** C
2. **if** Q **then** B **else if** R **then** C **else** A
3. **if** R **then** C **else if** P **then** A **else** B

Welche der drei Formen ist zu wählen, wenn $W_P > W_Q \geqslant W_R$? (B e i s p i e l : P = (x > y), Q = (x = y), R = (x < y); $W_P = 0.5$, $W_Q = 0.4$, $W_R = 0.1$).

Man verallgemeinere die erhaltene Regel für den Fall mit n exklusiven Bedingungen.

8. Datentypen

Bereits in Abschnitt 5 wurde angedeutet, daß die summarische Aufzeichnung aller verwendeten Variablen am Anfang eines Programmes zu dessen Verständlichkeit und Leserlichkeit wesentlich beiträgt. Insbesondere gehört zu einer guten Dokumentation die explizite Angabe des Wertebereiches einer jeden Variablen. Die wichtigsten Gründe dafür sind die folgenden:

1. Die Kenntnis des Wertebereiches einer Variablen ist entscheidend für das Verständnis eines Algorithmus. Ohne explizite Angabe des Wertebereiches ist es meistens schwierig, festzustellen, welche Art von Objekten eine Variable repräsentiert, und die Ermittlung möglicher Fehler wird erheblich erschwert.

2. Die Zweckmäßigkeit und die Korrektheit eines Programms sind in den meisten Fällen abhängig von den Anfangswerten der Argumente, und sie sind nur für bestimmte Bereiche garantiert. Daher gehört es zur Dokumentation eines Algorithmus, daß diese Bereiche explizit aufgeführt sind.

3. Der Speicherbedarf für die Repräsentation einer Variablen im Speicher eines Computers hängt von deren Wertebereich ab. Damit ein Compiler die nötigen Speicherzuordnungen vornehmen kann, ist die Kenntnis der Wertebereiche unerläßlich.

4. Operatoren, die in Ausdrücken vorkommen, sind nur für gewisse Wertebereiche ihrer Argumente wohldefiniert. Ein Compiler kann auf Grund der angegebenen Wertebereiche prüfen, ob die vorkommenden Kombinationen von Operatoren und Operanden zulässig sind. Die Angabe der Wertebereiche der Variablen dient also als R e d u n d a n z zur Überprüfung des Programms während seiner Übersetzung.

5. Die Realisierung von Operatoren in Rechenanlagen hängt unter Umständen von den Wertebereichen der Operanden ab. Ihre Kenntnis ist daher oft zu einer zweckmäßigen und effizienten Realisierung unerläßlich. So werden z.B. in den meisten Rechenanlagen verschiedene interne Darstellungsarten für ganze und für reelle Zahlen verwendet, und die detaillierten Abläufe von arithmetischen Operationen unterscheiden sich stark für die beiden Darstellungsweisen.

Der Wertebereich einer Variablen spielt eine derart wichtige Rolle in der Charakterisierung einer Variablen, daß er als deren T y p bezeichnet wird. Die Werte eines Bereichs werden als K o n s t a n t e n von diesem Typ bezeichnet.

Es wird daher die bindende Konvention eingeführt, daß in jedem Programm a l l e V a r i a b l e n v e r e i n b a r t werden. Dies geschieht durch Angabe einer Liste der gewählten Variablen-Bezeichnungen und deren Typen.

Eine V a r i a b l e n - V e r e i n b a r u n g habe allgemein die Form

var v : T (8.1)

wobei v eine Variablen-Bezeichnung und T der Typ der Variablen v ist. Falls mehrere Variablen vom gleichen Typ vereinbart werden sollen, wird die Kurzform

var v1, v2, . . . , vn : T $(n > 1)$ (8.2)

verwendet, wobei v1 . . . vn Variablenbezeichnungen sind und T wiederum entweder eine Typenbezeichnung oder eine Typenbeschreibung ist.

Die Konvention, alle verwendeten Bezeichnungen am A n f a n g eines Programms zu vereinbaren, hat zudem den großen Vorteil, daß ein Compiler bei jeder im Programm vorkommenden Bezeichnung prüfen kann, ob sie überhaupt vereinbart ist. Im negativen Fall, der z.B. durch Schreibfehler verursacht wird, kann der Compiler durch eine entsprechende Fehlermeldung auf den Lapsus aufmerksam machen. Die zusätzliche Redundanz wird also wiederum zur Erhöhung der Programmiersicherheit ausgenutzt.

Wie werden Datentypen in einem Programm eingeführt, und welche Wertbereiche können durch Computer zweckmäßig dargestellt werden? Vorerst sei bemerkt, daß es üblich ist, Datentypen in verschiedene Arten einzuteilen. Das wesentliche Merkmal eines Typs ist die Struktur seiner Werte. Ist ein Wert unstrukturiert, also nicht in einzelne Komponenten zerlegbar, so wird er – und damit auch sein Typ – als s k a l a r bezeichnet. In diesem Abschnitt werden nur skalare Typen eingeführt, während s t r u k t u r i e r t e T y p e n in den Abschnitten 10 und 11 behandelt werden.

Die allgemeine Form einer T y p e n d e f i n i t i o n sei

$$\textbf{type}\ t = T \tag{8.3}$$

wobei t die eingeführte Typenbezeichnung ist und T die Beschreibung des Typs darstellt. Ein s k a l a r e r T y p wird beschrieben durch die Aufzählung seiner Werte. Dazu werde die folgende Schreibweise verwendet:

$$\textbf{type}\ t = (w1, w2, \ldots, wn) \tag{8.4}$$

Durch eine derartige Vereinbarung werden sowohl die Typenbezeichnung t als auch die Konstantenbezeichnungen w1 ... wn eingeführt.

Beispiele von Definitionen skalarer Typen sind:

type Farbe = (rot, gelb, grün, blau)
type Farbe = (Rose, Eichel, Herz, Schild)
type Form = (dreieckig, viereckig, rund)
type Zustand = (fest, flüssig, gasförmig)

A n m e r k u n g : Falls Variablen mit einem Wertebereich vereinbart werden, dessen explizite Bezeichnung im Programm überflüssig ist, so kann der Typ anonym bleiben, indem die Vereinbarungen (8.4) und (8.2) zusammengelegt werden zu

$$\textbf{var}\ v1, v2, \ldots, vn : (w1, w2, \ldots, wm) \tag{8.5}$$

Die Elemente von skalaren Wertebereichen seien nicht nur paarweise verschieden, sondern geordnet. Für einen Bereich t definiert durch (8.4) sollen daher stets die folgenden Axiome gelten:

1. $w_i \neq w_j$ für $i \neq j$ (Eindeutigkeit) (8.6)
2. $w_i < w_j$ für $i < j$ (Ordnung)
3. nur die Werte w_i $(i = 1, \ldots, n)$ gehören zum Typ t

Ferner seien die Nachfolger- und Vorgängerfunktionen definiert:

$$\begin{aligned} succ(w_i) &= w_{i+1} \quad \text{für} \quad 1 \leqslant i < n \\ pred(w_i) &= w_{i-1} \quad \text{für} \quad 1 < i \leqslant n \end{aligned} \tag{8.7}$$

Falls in einem Programm mehrere skalare Wertebereiche definiert werden, so gelte die Regel, daß jede Bezeichnung nur einmal verwendet wird. Diese Regel bezweckt, daß auf Grund jeder Bezeichnung der Wert und dessen Typ eindeutig erkennbar sind. Typendefinitionen von der Art

$$\begin{aligned} \textbf{type}\ & \text{Warmfarbe} = (\text{rot, gelb, grün}); \\ & \text{Kaltfarbe} = (\text{grün, blau, violett}) \end{aligned} \tag{8.8}$$

sollen daher vermieden werden.

Nachfolgend werden vier skalare Wertebereiche definiert, die überaus häufig verwendet werden und daher in jedem Computer-System als bekannt vorausgesetzt werden dürfen. Es sind dies die Bereiche der logischen Werte, der ganzen und der reellen Zahlen und der Schriftzeichen. Sie werden S t a n d a r d - T y p e n genannt. Ihre Verwendung ist derart häufig, daß für die Bezeichnung ihrer Konstanten nicht die üblichen Bezeichnungen (mit Buchstaben), sondern von diesen syntaktisch unterscheidbare Formen verwendet werden. (Ausnahme: logische Werte.)

8.1. Der Typ „Boolean"

Der Typ „Boolean" bezeichnet den Bereich der l o g i s c h e n W e r t e , bestehend aus den zwei Elementen „wahr" und „falsch". Er wird nach dem Begründer des logischen Kalküls, George B o o l e (1815–1864), benannt und sei vereinbart durch

type Boolean = (false, true) (8.9)

Auf Werten von diesem Typ sind die folgenden Operatoren definiert:

- $\vee$ logisches (inklusives) Oder
- $\wedge$ logisches Und
- $\neg$ logisches Nicht

p	q	p ∨ q	p ∧ q	¬ p
false	false	false	false	true
true	false	true	false	false
false	true	true	false	true
true	true	true	true	false

(8.10)

Man beachte die aus dieser Definition unmittelbar ableitbaren und oft nützlichen Beziehungen:

1. $p \vee q = q \vee p$, $p \wedge q = q \wedge p$ — Kommutative Gesetze (8.11)
2. $(p \vee q) \vee r = p \vee (q \vee r)$, $(p \wedge q) \wedge r = p \wedge (q \wedge r)$ — Assoziative Gesetze (8.12)
3. $(p \wedge q) \vee r = (p \vee r) \wedge (q \vee r)$, $(p \vee q) \wedge r = (p \wedge r) \vee (q \wedge r)$ — Distributive Gesetze (8.13)
4. $\neg (p \vee q) = \neg p \wedge \neg q$, $\neg (p \wedge q) = \neg p \vee \neg q$ — de Morgansche Gesetze (8.14)

Der Operator $\vee$ habe die kleinste, $\wedge$ die mittlere und $\neg$ die größte Bindungsstärke. Alle Vergleichsoperatoren liefern ein Resultat vom Typ „Boolean". Der Ausdruck $x = y$ z. B. hat den Booleschen Wert „true", wenn x gleich y ist, und andernfalls den Wert „false". Die üblicherweise verwendeten Vergleichsoperatoren sind =, ≠, ≤,

$<$, $\geqslant$ und $>$. Dabei sind die letzteren vier Operatoren nur auf skalare Werte anwendbar. Es gelten ferner die Beziehungen

$$
\begin{aligned}
x \neq y &\Leftrightarrow \neg(x = y) \\
x \leqslant y &\Leftrightarrow (x < y) \vee (x = y) \\
x \geqslant y &\Leftrightarrow \neg(x < y) \\
x > y &\Leftrightarrow \neg(x < y) \wedge \neg(x = y)
\end{aligned}
\tag{8.15}
$$

Die sechs Vergleichsoperatoren lassen sich also mit Hilfe von zwei Vergleichsoperatoren und den logischen Operatoren ausdrücken.

8.2. Der Typ „integer"

Der Typ „integer" bezeichnet den Bereich der ganzen Zahlen. Es seien die folgenden Operatoren definiert:

+	Addition
-	Subtraktion
*	Multiplikation
div	ganzzahlige Division
mod	Rest der ganzzahligen Division

Jede Rechenanlage spezifiziert für den Typ „integer" eine U n t e r m e n g e der ganzen Zahlen, und zwar die Menge aller Zahlen kleiner als ein bestimmter Grenzwert max. Dies bedeutet jedoch, daß die meisten der üblichen Axiome der Arithmetik nicht mehr uneingeschränkt gelten. Wird z.B. die durch eine Computer-Arithmetik mit größter Zahl max realisierte Addition mit $\oplus$ bezeichnet, so ergibt sich

$$x \oplus y = x + y$$

nur, wenn $|x+y| < \max$. Als Folge davon gilt das assoziative Gesetz der Addition

$$(x \oplus y) \oplus z = x \oplus (y \oplus z)$$

nur, wenn sowohl $|x+y| < \max$ als auch $|y+z| < \max$. Es sei z.B. max = 100. Dann ist der Wert des Ausdrucks

$$60 \oplus (50 \oplus (-40)) = 60 + 10 = 70,$$

während der Wert von

$$(60 \oplus 50) \oplus (-40)$$

undefiniert ist. Diese bei genauem Überdenken hoffnungslos erscheinende Situation wird dadurch erträglich, daß die Zahlenbereiche von Computer-Arithmetiken gemessen an den üblichen Erfordernissen so groß gewählt sind, daß die obige undefinierte Situation nur selten auftritt. Trotzdem muß an jede Rechenanlage die Minimalforderungen gestellt werden, daß der Rechenprozeß abgebrochen wird, sobald ein Resultat auftritt, das nicht weiter verarbeitbar ist. Abgesehen von diesen Unterbrechungen seien jedoch alle O p e r a t i o n e n m i t G r ö ß e n v o m T y p "integer" e x a k t . Die Situation mit einem Resultat größer als max wird als Ü b e r l a u f (overflow) bezeichnet.

In vielen Fällen ist in einem Programm bekannt, daß die Werte von gewissen ganzzahligen Variablen innerhalb eines Intervalls bleiben. Diese Information soll durch die Vereinbarung eines U n t e r b e r e i c h - T y p s explizit gemacht werden können.

$$\textbf{type } U = \min \,..\, \max \tag{8.16}$$

Hierbei seien min und max die Grenzwerte des Intervalls. Eine Unterbereich-Vereinbarung kann unter Umständen die Transparenz eines Programms wesentlich erhöhen. Der Typ „integer" selbst ist ein Unterbereich; die Intervallgrenzen sind dabei jedoch nicht allgemein, sondern durch einzelne Rechenanlagen spezifiziert.

8.3. Der Typ „char"

Der Typ „char" bezeichnet eine endliche, geordnete Menge von Z e i c h e n (characters). So wie jede Rechenanlage einen bestimmten verarbeitbaren Zahlenbereich spezifiziert, ist durch sie eine Menge von Zeichen festgelegt, mit denen sie via Ein- und Ausgabegeräte mit der Umwelt verkehrt. Es sind dies die auf den Lese- und Schreibgeräten verfügbaren Zeichen. Eine gewisse Standardisierung dieser Z e i - c h e n s ä t z e ist dringend erforderlich und sogar unumgänglich, sollen verschiedene Rechenanlagen direkt miteinander verkehren (Daterfernverarbeitung). Es hat sich allgemein durchgesetzt, daß die an Rechenanlagen verwendeten Zeichensätze die lateinischen B u c h s t a b e n , die zehn arabischen Z i f f e r n sowie eine Anzahl S p e z i a l z e i c h e n enthalten. In weiten Kreisen hat sich der von der International Standards Organisation (ISO) festgelegte Standard und besonders die amerikanische Version ASCII (American Standard Code for Information Interchange) durchgesetzt. Dieser Zeichensatz sei daher an dieser Stelle aufgezeichnet und erläutert.
Der ASCII-Zeichensatz besteht aus 128 Zeichen. Da $128 = 2^7$, läßt sich jedes Zeichen durch eine Kombination von sieben binären Ziffern eindeutig darstellen. Die Zuordnung von Zeichen zu Ziffernkombinationen wird C o d e genannt; im Falle des ASCII-Satzes handelt es sich um einen sogenannten 7-bit Code (s. Anhang B).

Im ASCII-Satz wird zwischen S c h r i f t z e i c h e n und S t e u e r z e i c h e n unterschieden. Die Schriftzeichen werden in Großbuchstaben, Kleinbuchstaben, Ziffern und Spezialzeichen unterteilt. Ferner wird zwischen dem v o l l e n und dem e i n g e s c h r ä n k t e n ASCII - Z e i c h e n s a t z unterschieden. Der letztere enthält keine Kleinbuchstaben und wird auf vielen kommerziell erhältlichen Geräten verwendet (Spalten 0 bis 5 in der ASCII-Tabelle).

Die Bedeutung der Steuerzeichen ist im Anhang B beschrieben. Hier sei lediglich auf die zwei Steuerzeichen cr (carriage return) und lf (line feed) aufmerksam gemacht, die bei Verwendung von Zeilendruckern und Schreibmaschinen zusammen Wagenrücklauf und Papiervorschub bewirken.

ASCII-Zeichen

	0	1	2	3	4	5	6	7
0	nul	dle		Ø	@	P	`	p
1	soh	dc1	!	1	A	Q	a	q
2	stx	dc2	"	2	B	R	b	r
3	etx	dc3	#	3	C	S	c	s
4	eot	dc4	$	4	D	T	d	t
5	enq	nak	%	5	E	U	e	u
6	ack	syn	&	6	F	V	f	v
7	bel	etb	'	7	G	W	g	w
8	bs	can	(	8	H	X	h	x
9	ht	em	)	9	I	Y	i	y
10	lf	sub	*	:	J	Z	j	z
11	vt	esc	+	;	K	[	k	{
12	ff	fs	,	<	L	\	l	|
13	cr	qs	–	=	M	]	m	}
14	so	rs	.	>	N	↑	n	¬
15	si	us	/	?	O	_	o	del

Mit dem Datentyp „char“ werden zwei vom verwendeten Zeichensatz abhängige Standardfunktionen eingeführt, die es gestatten, aus Daten vom Typ „char“ Werte vom Typ „integer“ zu berechnen und umgekehrt. Diese beiden Funktionen werden *Transferfunktionen* genannt und stellen Abbildungen von einem Wertebereich auf einen anderen Wertebereich dar. Sie sind wie folgt definiert:

ord(c) ist gleich der Ordinalzahl des Zeichens c in der geordneten Zeichenmenge. (In der ASCII-Tabelle ist $\text{ord}(c) = 16 * x + y$, wenn x und y die Koordinaten des Zeichens c sind.)

chr(i) ist gleich dem Zeichenwert mit der Ordinalzahl i.

Es gilt also

$$\text{chr}(\text{ord}(c)) = c \quad \text{und} \quad \text{ord}(\text{chr}(i)) = i \tag{8.17}$$

und es ist eine Ordnung definiert, so daß

$$c1 < c2 \quad \Leftrightarrow \quad \text{ord}(c1) < \text{ord}(c2) \tag{8.18}$$

Um die Zeichen als Konstanten im Programm bezeichnen zu können, ist eine Konvention bezüglich Notation von Zeichenkonstanten nötig. Es gelte die Regel, daß das zu bezeichnende Zeichen in Apostrophe eingeklammert wird. Soll z.B. ein Fragezeichen der Variablen x zugewiesen werden, so wird dies durch die Anweisung

$$x := '?'$$

ausgedrückt.

In den Programmen der nachfolgenden Kapitel wird kein Bezug auf einen bestimmten Zeichensatz genommen. Es wird jedoch stillschweigend angenommen, daß verwendete Zeichensätze folgenden Minimalforderungen nachkommen:

1. Sie enthalten die Buchstaben A bis Z und die Ziffern 0 bis 9.
2. Die Bereiche der Buchstaben und der Ziffern sind in sich geordnet und kohärent, d.h.

$$\begin{array}{lcl} \text{c ist ein Buchstabe} & \Leftrightarrow & ('A' \leqslant c) \wedge (c \leqslant 'Z') \\ \text{c ist eine Ziffer} & \Leftrightarrow & ('0' \leqslant c) \wedge (c \leqslant '9') \end{array}$$

3. Der Zeichensatz enthält ein Leerzeichen sowie einige hier nicht näher spezifizierte Spezialzeichen wie Punkt, Strichpunkt, Komma etc.

8.4. Der Typ „real“

Besonders einschneidende Auswirkungen besitzt die Einschränkung der Endlichkeit von darstellbaren Wertebereichen auf die Behandlung reeller Zahlen. Während bei den ganzen Zahlen vernünftigerweise noch gefordert werden konnte, daß jede arithmetische Operation zu korrekten Resultaten führt, sofern diese nicht im Überflußbereich liegen, gilt dies beim Rechnen mit reellen Zahlen nicht mehr. Der Grund liegt darin, daß selbst jedes noch so kleine Intervall der reellen Zahlenachse unendlich viele Werte enthält; die reellen Zahlen bilden ein C o n t i n u u m . Der Wertebereich „real“ stellt nun eine endliche Menge von R e p r ä s e n t a n t e n von Intervallen des Continuums dar, welches dadurch diskretisiert wird. Die Auswirkungen, die sich daraus ergeben, daß anstelle einer Zahl x mit dem Repräsentanten $\widetilde{x}$ des Intervalls, in dem sich x befindet, gerechnet wird, sind je nach Problem und Algorithmus verschieden. Es steht jedenfalls fest, daß nur angenähert richtige Resultate erwartet werden dürfen. Die Abschätzung der Fehler, die sich durch die Ersetzung des Continuums durch die endliche Menge der Repräsentanten ergibt, ist das Anliegen der Numerischen Mathematik und ist in den meisten Fällen sehr schwierig. Man nennt Prozesse, welche Daten vom Typ „real“ verarbeiten, n u m e r i s c h . „Numerisch“ bedeutet also – und zwar ohne abwertenden Unterton – „nicht exakt“.

Es ist aber sinnlos, mit Werten zu rechnen, ohne gewisse Angaben über den Grad oder mindestens die Art der zu erwartenden Ungenauigkeiten zu besitzen. Um solche Angaben herleiten und verstehen zu können, ist es nötig, die verwendete Darstellung von reellen Zahlen mit endlicher Ziffernzahl zu kennen.

Es ist in modernen Rechenanlagen üblich geworden, dazu die sogenannte Gleitkomma-Darstellung zu verwenden, in welcher eine reelle Zahl x dargestellt ist durch zwei ganze Zahlen e und m mit beschränkter Stellenzahl, so daß

$$x = m * B^e, \ -E < e < E, \ -M < m < M \tag{8.19}$$

Die Werte B, E und M variieren dabei von Computer zu Computer. B wird die Basis der Darstellung genannt und ist meistens nicht 10, sondern eine kleine Potenz von 2. Es ergibt sich daraus, daß ein Wert x durch viele Wertepaare darstellbar ist. Eine kanonische oder Normalform ist definiert durch die zusätzliche Bedingung

$$\frac{1}{B} \leqslant \frac{m}{M} < 1 \tag{8.20}$$

Wird stets die Normalform verwendet, so ergibt sich, daß die Dichte der Repräsentanten von Abschnitten der reellen Zahlenachse mit wachsendem x angenähert exponentiell abnimmt. So enthält z.B. der Abschnitt 0.1 –1 gleichviele Repräsentanten wie der Abschnitt 10 000 – 100 000, sofern B = 10. Den Einfluß dieser ungleichen Verteilung von Repräsentanten sowie von bestimmten Werten für B, E, und M auf Rechenoperationen abzuschätzen ist schwierig. Die elementaren Rechenoperationen mit Werten vom Typ „real“ seien daher nicht exakt, sondern in der Form von Minimalbedingungen charakterisiert, die stets als gültig angenommen werden dürfen, ungeachtet der verwendeten Arithmetik. Diese Bedingungen sind daher in der Form von Axiomen A1 bis A9 formuliert.

A1. Der Wertebereich „real“ (bezeichnet mit R) ist eine endliche Untermenge der reellen Zahlenmenge **R**

$$R \subset \mathbf{R}$$

A2. Jeder Zahl $x \in \mathbf{R}$ ist eindeutig ein $\tilde{x} \in R$ zugeordnet, welches als Repräsentant von x bezeichnet wird.

A3. Jedes $\tilde{x} \in R$ ist Repräsentant von vielen x, aber der Bereich, den $\tilde{x}$ repräsentiert, ist zusammenhängend. Ferner gilt

$$x \in R \ \rightarrow \tilde{x} = x$$

und im besonderen sollen 0 und 1 exakt repräsentiert sein, d.h. $0 \in R$, $1 \in R$ und daher $\tilde{0} = 0$ und $\tilde{1} = 1$.

A4. Es gibt einen größten Wert max, so daß $\tilde{x} = \Omega$ für alle $|x| >$ max. Der Bereich der Zahlen $|x| >$ max heißt Überlaufbereich U (overflow). **R** – U ist zusammenhängend.

Aus diesen Axiomen folgt direkt (wenn $x, y \in \mathbf{R} - U$)

$$\begin{aligned} x < y \ &\Rightarrow \ \tilde{x} \leqslant \tilde{y} \\ x = y \ &\Rightarrow \ \tilde{x} = \tilde{y} \\ x > y \ &\Rightarrow \ \tilde{x} \geqslant \tilde{y} \end{aligned} \tag{8.21}$$

A5. R soll symmetrisch bezüglich 0 sein, d.h.

$$(-x)^{\sim} = -(\tilde{x}) \tag{8.22}$$

Im folgenden sollen nun die Eigenschaften einer Arithmetik aufgeführt werden, die erforderlich sind, damit die Arithmetik (und der Computer, der sie repräsentiert) füglich als brauchbar bezeichnet werden kann. Die arithmetischen Grundoperatoren seien diejenigen der Addition, Subtraktion, Multiplikation und Division, bezeichnet durch die Symbole $\oplus$ $\ominus$ $\circledast$ und $\oslash$. Es wird immer $x, y \in R$ vorausgesetzt.

A6. Kommutativität der Addition und Multiplikation

$$x \oplus y = y \oplus x, \quad x \circledast y = y \circledast x \tag{8.23}$$

A7. $(x \geqslant y \geqslant 0)$: $$(x \ominus y) \oplus y = x \tag{8.24}$$

A8. Symmetrie der Grundoperationen bezüglich 0

$$\begin{aligned} x \ominus y &= x \oplus (-y) = -(y \ominus x) \\ (-x) \circledast y &= x \circledast (-y) = -(x \circledast y) \\ (-x) \oslash y &= x \oslash (-y) = -(x \oslash y) \end{aligned} \tag{8.25}$$

A9. Monotonie der Grundoperationen

Wenn $0 \leqslant x \leqslant a$ und $0 \leqslant y \leqslant b$, dann gelte stets auch

$$\begin{aligned} x \oplus y &\leqslant a \oplus b \qquad & x \ominus b &\leqslant a \ominus y \\ x \circledast y &\leqslant a \circledast b \qquad & x \oslash b &\leqslant a \oslash y \end{aligned} \tag{8.26}$$

Es sei also durchaus möglich, daß für gewisse $0 \leqslant x < a$ und $0 \leqslant y < b$ gelte $x \oplus y = a \oplus b$ oder $x \circledast y = a \circledast b$, jedoch niemals $x \oplus y > a \oplus b$ oder $x \circledast y > a \circledast b$. Aus diesen Axiomen können unter anderem die folgenden Sätze hergeleitet werden, die wichtige Grundeigenschaften einer Arithmetik darstellen:

$$\begin{aligned} & y \geqslant 0 \;\rightarrow\; x \oplus y \geqslant x \\ & x \geqslant y \;\rightarrow\; x \ominus y \geqslant 0 \\ & (x \geqslant 0) \wedge (0 \leqslant y \leqslant 1) \;\rightarrow\; x \circledast y \leqslant x \\ & 0 < x \leqslant y \;\rightarrow\; x \oslash y \leqslant 1 \\ & x \ominus x = 0 \\ & x \oplus 0 = x \ominus 0 = x \\ & x \circledast 0 = 0 \\ & x \circledast 1 = x \oslash 1 = x \\ & x \oslash x = 1 \end{aligned} \tag{8.27}$$

Bemerkenswert ist vor allem das Fehlen der assoziativen und distributiven Gesetze. Ein Zahlenbeispiel, welches das assoziative Gesetz der Addition verletzt, sei an einer vierstelligen Arithmetik aufgezeigt:

$$x = 9.900 \quad y = 1.000 \quad z = -0.999$$

1. $(x \oplus y) \oplus z = 10.90 \oplus (-0.999) = 9.910$
2. $x \oplus (y \oplus z) = 9.900 \oplus 0.001 = 9.901$

Ein Zahlenbeispiel, welches das distributive Gesetz verletzt, verwendet wiederum eine vierstellige Arithmetik:

$x = 1100. \quad y = -5.000 \quad z = 5.001$

1. $(x \circledast y) \oplus (x \circledast z) = -5500. \oplus 5501. = 1.000$
2. $x \circledast (y \oplus z) = 1100. \circledast 0.001 = 1.100$

Die „gefährlichen" Operationen sind die Addition und die Subtraktion. Sie führen vor allem zu Fehlern, wenn zwei fast gleich große Werte subtrahiert werden: Die signifikantesten Ziffern heben sich auf, und die Differenz verliert dadurch an Signifikanz (Anzahl bedeutungsvoller Stellen). Dieses Phänomen wird Auslöschung (cancellation) genannt.

Ferner ist auch die Division durch kleine Werte gefährlich, da das Resultat leicht im Überflußbereich liegen kann. Es soll daher die Division nicht nur durch Null, sondern auch durch Werte in der Nähe von Null stets vermieden werden.

Als Maß für die Genauigkeit einer Gleitkomma-Arithmetik kann eine Größe ϵ angenommen werden, die wie folgt definiert ist:

$$\epsilon = \min_{x>0} (x \mid (1 + x)^{\sim} \neq 1)$$

d.h. ϵ sei die kleinste positive Zahl, so daß 1 und $(1 + \epsilon)^{\sim}$ verschieden sind. Gestattet ein Computer eine Darstellung von Werten des Typs „real" mit einer Genauigkeit von n dezimalen Stellen, so ist $\epsilon \doteq 10^{-n}$.

Obwohl in mathematischem Sinne die ganzen Zahlen eine Untermenge der reellen Zahlen sind, ist es aus verständlichen Gründen üblich, die Wertebereiche „integer" und „real" als voneinander disjunkt zu betrachten. Um der Forderung zu genügen, daß der Typ einer jeden Konstanten aus deren Formulierung hervorgehe, werde angenommen, daß eine Zahl von Typ „integer" ist, wenn und nur wenn sie keinen Dezimalpunkt (und keinen Skalenfaktor) besitzt. Alle Zahlen mit Dezimalpunkt (oder Skalenfaktor) seien vom Typ „real". Im Umgang mit Größen mit numerischen Werten gelten ferner folgende Regeln:

1. In einem reellwertigen Ausdruck kann überall dort, wo eine reellwertige Größe steht, auch eine Größe vom Typ „integer" eingesetzt werden. Eine explizite Transferfunktion „integer" → „real" ist daher überflüssig. Immerhin ist zu beachten, daß eine implizite Transferoperation bei allen jenen Rechenanlagen (durch den Compiler) eingesetzt wird, die für Werte von den Typen „real" und „integer" zwei verschiedene Darstellungsweisen verwenden.
2. Soll eine reellwertige Größe eingesetzt werden, wo nur eine ganzzahlige erlaubt ist, so muß eine explizite Transferfunktion „real" → „integer" spezifiziert werden.

Als Standard-Transferfunktion sei diejenige adoptiert, die auf üblichen Rechenanlagen am fundamentalsten ist:

trunc(x)

stellt denjenigen ganzzahligen Wert dar, der sich aus x durch Abschneiden (truncation) der Stellen nach dem Dezimalpunkt ergibt. Beispiele sind

$$\text{trunc}(5.8) = 5 \;, \quad \text{trunc}(-4.3) = -4$$

Die Rundungsfunktion ist darstellbar durch die Beziehung

$$\text{round}(x) = \begin{cases} \text{trunc}(x+0.5) & \text{wenn } x \geqslant 0 \\ \text{trunc}(x-0.5) & \text{wenn } x < 0 \end{cases} \tag{8.28}$$

Beispiel 8.1 . Quadratische Gleichung. Zum Abschluß dieses Abschnitts sei ein Beispiel erwähnt, das zeigt, welchen Einfluß die Eigenschaften einer Gleitkomma-Arithmetik – und speziell der Effekt der Auslöschung – auf die Programmierung haben können. Es seien die beiden Lösungen x1 und x2 der quadratischen Gleichung $a*x^2 + b*x + c = 0$ zu berechnen, wenn $a \neq 0$.

Eine „direkte" Übersetzung der bekannten Lösungsformel

$$x_{1,2} = \frac{-b \pm \sqrt{b^2 - 4ac}}{2a} \tag{8.29}$$

ergibt das Programmstück

```
d := sqrt(sqr(b) - 4*a*c);
x1 := (d-b)/(2*a);   x2 := -(b+d)/(2*a)                    (8.30)
```

Ein numerisches Beispiel mit den Werten a = 1.000, b = - 200.0 und c = 1.000, ausgeführt mit einer vierstelligen Arithmetik ergibt die Resultate

d = sqrt (40000 - 4.000) = 200.0

x1 = 400.0/2.000 = 200.0, x2 = 0.000/2.000 = 0.000

Die exakten Resultate mit 4-stelliger Genauigkeit jedoch lauten

x1 = 200.0 und x2 = 0.005

Falls eine relative Genauigkeit als Maßstab für die Güte eines Wertes angenommen wird, so muß das Resultat von x2 als völlig falsch betrachtet werden. Eine Lösungsmethode, welche die Gefahren der Gleitkomma-Arithmetik endlicher Genauigkeit berücksichtigt, beruht auf der Verwendung der Beziehung

$$x1 * x2 = c/a \qquad \text{(Vieta)} \tag{8.31}$$

Es wird jetzt lediglich eine einzige Lösung mit der üblichen Lösungsformel berechnet, und zwar diejenige mit dem größeren Absolutwert. Die zweite Lösung erhält man auf Grund von (8.31) durch eine Division, welche die relative Genauigkeit bewahrt. Das resultierende Programmstück lautet

```
d := sqrt(sqr(b) - 4*a*c);
if b >= 0 then x1 := -(b+d)/(2*a)                          (8.32)
          else x1 := (d-b)/(2*a);
x2 := c / (x1*a)
```

Dieses Problem ist ein Beispiel für den häufigen Fall, wo die üblichen mathematischen „Lösungsmethoden" nicht unbesehen übernommen und verwendet werden können, wenn mit wirklichen Rechnern gearbeitet werden soll.

Übungen

1. Welche der folgenden Ausdrücke sind syntaktisch korrekt? Welchen Typ besitzen sie? Es seien die folgenden Variablen vereinbart:

var x, y, z; real; i, j, k: integer;

x + y * i	i **mod** (j + y)	i + j -k
i **div** j + x	x + y < i + j	k - trunc(x+i)
i *x + j *y	x < y ∧ y < z	x = i

In jedem Fall soll die Anzahl der impliziten Transferfunktionen („integer“ → „real“) angegeben werden.

2. Man vervollständige die Programme (7.16), (7.17), (7.18), (7.19), (7.22) und (7.25) mit den notwendigen Variablen-Vereinbarungen.

3. Man entwickle ein Programm, das die Summe

$$1 - 1/2 + 1/3 - 1/4 + \cdots + 1/9999 - 1/10000$$

auf die folgenden vier Arten berechnet:

1. Addition der Terme strikt von links nach rechts,
2. Addition der Terme strikt von rechts nach links,
3. Getrennte Addition der positiven und negativen Terme, von links nach rechts, und
4. wie 3., jedoch von rechts nach links.

Die Vor- und Nachteile verschiedener Versionen dieses Programms sind abzuwägen und ihr Rechenaufwand ist zu bestimmen. Sodann werde das Programm durch eine Rechenanlage ausgeführt. Die Unterschiede in den vier Resultaten sind zu begründen.

H i n w e i s e : Anweisungen von der Form a := b * (–1) sind zu vermeiden und durch a := -b zu ersetzen. Das Resultat mit 30 Stellen Genauigkeit ist 0.693097183059945296917232371362.

4. Man entwickle ein Programm, das eine komplexe Zahl z wiederholt mit der Konstanten c = 0.6+0.8i multipliziert.

Eine komplexe Größe z = x+iy werde dargestellt durch zwei reelle Variablen x und y. Man beachte, daß die Konstante c den Absolutwert 1 besitzt. Wird für z ein Anfangswert ebenfalls mit Absolutwert 1 gewählt (z.B. $z_0 = 5/13 + 12/13i$), so ist der Wert von z nach n Multiplikationen mit c

$$z_n = z_0 * c^n \quad \text{und} \quad |z_n| = 1$$

Wenn also das Programm so erweitert wird, daß nach n Multiplikationen $|z_n| = \sqrt{x_n^2 + y_n^2}$ berechnet wird, so läßt sich damit die Genauigkeit der Arithmetik einer Rechenanlage überprüfen. Man wähle n = 5000.

9. Programme mit Rekursionsrelationen

9.1. Folgen

Nachdem in den vorangegangenen Kapiteln einfache Programmstrukturen eingeführt und die wichtigsten Rechenobjekte und ihre Operatoren behandelt wurden, sollen in diesem Kapitel solche Programme näher untersucht werden, die eine einfache Wiederholung darstellen, also allgemein die Form

while B **do** A (9.1)

besitzen. Erstens ist zu wiederholen, daß eine sinnvolle Repetition nur dann zum Ziel führt, wenn die Anweisung A die Variablen in dem Sinne verändert, daß nach einer endlichen Anzahl von Ausführungen von A die Bedingung B nicht mehr erfüllt ist. Dies aber impliziert, daß A mindestens eine der im Ausdruck B verwendeten Variablen beeinflussen muß. Wird eine Sammelbezeichnung V für die Gesamtheit der Variablen eingeführt, d.h. wird jede Variable des Programms als eine Komponente von V betrachtet, so kann die Anweisung (9.1) allgemeingültig dargestellt werden als

```
V := v0;
while p(V) do V := f(V)
```
(9.2)

wobei p ein Prädikat (Boolesche Funktion) und f eine Funktion ist.

Der Wert der Variablen V nach der i-ten Wiederholung von A sei mit v_i bezeichnet. Dann „durchläuft“ V die Wertefolge

$$v_0, v_1, v_2, \dots, v_n \qquad (9.3)$$

und es gelten die folgenden Beziehungen:

1. $v_i = f(v_{i-1})$ für alle $i > 0$
2. $v_i \neq v_j$ für alle $i \neq j$ (9.4)
3. $\neg p(v_n)$
4. $p(v_i)$ für alle $i < n$

Am Anfang der Wiederholungen muß V einen wohldefinierten Wert v_0 besitzen. Die Nichtbeachtung dieser fundamentalen Regel ist eine der häufigsten Ursachen für Fehler in Programmen.

Die Lehre, die aus den Bedingungen (9.4) gezogen werden muß, ist, daß die Anweisungsform mit der while-Klausel oft die zweckmäßige Form zur Darstellung von Programmen ist, deren Aufgabe in der Form einer Rekursionsrelation vorliegt. Dieser Sachverhalt sei anhand einiger einfacher Beispiele erläutert.

Beispiel 9.1. Berechnung von Fakultäten. Die Funktion

$$f(n) = 1 * 2 * 3 * \dots * n = n! \quad (n \geq 0) \qquad (9.5)$$

kann durch die Rekursionsrelation

$$f(n) = n * f(n-1) \qquad \text{für } n > 0 \tag{9.6}$$

und die Anfangsbedingung

$$f(0) = 1$$

berechnet werden. Dazu werden zwei Variablen, X und K, eingeführt.

Ihre Werte nach dem i-ten Durchlauf der repetierten Anweisung A sind definiert durch die Rekursionsrelationen

$$\left.\begin{aligned} x_i &= k_i * x_{i-1} \\ k_i &= k_{i-1} + 1 \end{aligned}\right\} \quad \text{für } i > 0 \tag{9.7}$$

und durch

$$x_0 = 1, \; k_0 = 0$$

Das aus dem Programmschema (9.2) und den Relationen (9.7) resultierende Programm lautet

```
var X, K: integer;{ n ⩾ 0 }
begin X := 1; K := 0;
   while K ≠ n do                                  (9.8)
   begin {X = K! }
      K := K+1; X := K*X
   end
  { X = n! }
end.
```

Da K die Folge der natürlichen Zahlen durchläuft und $n \geqslant 0$, terminiert das Programm. Es ist besonders zu beachten, daß die Reihenfolge der beiden repetierten Anweisungen relevant ist. Würden sie vertauscht, so würde das Programm den Rekursionsrelationen

$$\begin{aligned} x_i &= k_{i-1} * x_{i-1} \\ k_i &= k_{i-1} + 1 , \end{aligned} \tag{9.9}$$

jedoch nicht denjenigen in (9.7) entsprechen.

Beispiel 9.2. R e z i p r o k e r W e r t e i n e r r e e l l e n Z a h l. Die beiden Folgen $a_0, a_1, \ldots$ und $c_0, c_1, \ldots$ seien gegeben durch die beiden Rekursionsrelationen

$$\left.\begin{aligned} a_i &= a_{i-1} * (1+c_{i-1}) \\ c_i &= c_{i-1}^2 \end{aligned}\right\} \quad \text{für } i > 0 \tag{9.10}$$

und die Anfangsbedingungen

$$a_0 = 1, \quad c_0 = 1-x \quad (0 < x < 1)$$

Durch algebraische Formelmanipulation läßt sich zeigen, daß

$$a_n = \frac{1 - c_n}{x} \tag{9.11}$$

und aus $c_n = c_0^{2^n}$ sowie $|c_0| < 1$ folgt dann

$$\lim_{n\to\infty} a_n = \frac{1}{x} \tag{9.12}$$

H i n w e i s : Man verwende die Beziehungen

1. $a_n = (1+c_{n-1}) * \ldots * (1+c_1)*(1+c_0)$

2. $\dfrac{1+c_{i-1}}{1 - c_i} = \dfrac{1}{1 - c_{i-1}}$

Aus dem Programmschema (9.2) und den Rekursionsrelationen (9.10) entsteht somit das Programm (9.13), das eine Approximation für den Wert 1/x berechnet, indem lediglich Additionen und Multiplikationen verwendet werden.

```
var A, C: real; { 0 < x < 1 }
begin A := 1;  C := 1-x;                                (9.13)
   while C > ε do
   begin { A*x = 1-C, ε < C < 1 }
      A := A * (1+C);  C := sqr (C)
   end
   { (1-ε)/x ≤ A < 1/x }
end.
```

Das Programm (9.13) terminiert, wenn $|C| \leq \epsilon$. Da $|c_0| < 1$ und $c_n = c_0^{2^n}$, ist die Existenz eines Wertes n garantiert, für den $c_n \leq \epsilon$. Für alle $i < n$ gilt jedoch $|c_i| > \epsilon$. Man beachte, daß auch in diesem Programm die Reihenfolge der beiden wiederholten Anweisungen wesentlich ist.

Beispiel 9.3. Q u a d r a t w u r z e l . Die beiden Folgen $a_0, a_1, \ldots$ und $c_0, c_1, \ldots$ seien gegeben durch die beiden Rekursionsrelationen

$$\left.\begin{aligned} a_i &= a_{i-1} * (1 + \tfrac{1}{2} c_{i-1}) \\ c_i &= c_{i-1}^2 * \tfrac{1}{4} (3 + c_{i-1}) \end{aligned}\right\} \quad \text{für } i > 0 \tag{9.14}$$

und die beiden Anfangswerte

$$a_0 = x, \quad c_0 = 1-x \quad (0 < x < 1)$$

Durch algebraische Formelmanipulation läßt sich zeigen, daß

$$a_n = \sqrt{x*(1-c_n)} \tag{9.15}$$

Da $c_0 > 0$, folgt ferner

$$\lim_{n \to \infty} c_n = 0 \text{ und damit } \lim a_n = \sqrt{x} \tag{9.16}$$

H i n w e i s : Man beachte dazu die Beziehungen

1. $$a_n = (1 + \frac{1}{2} c_{n-1}) * (1 + \frac{1}{2} c_{n-2}) * \cdots * (1 + \frac{1}{2} c_0) * x$$

2. $$\sqrt{1 - c_i} = \frac{\sqrt{1 - c_{i+1}}}{1 + \frac{1}{2} c_i} \qquad \text{und damit}$$

3. $$\sqrt{x} = \sqrt{1 - c_0} = \frac{\sqrt{1 - c_1}}{1 + \frac{1}{2} c_0} = \cdots = \frac{\sqrt{1 - c_n}}{(1 + \frac{1}{2} c_0) \cdots (1 + \frac{1}{2} c_{n-1})}$$

$$= \frac{x * \sqrt{1 - c_n}}{a_n}$$

Das aus Programmschema (9.2) unter Verwendung der Rekursionsrelationen (9.14) entstehende Programm lautet damit:

```
var A, C: real; { 0 < x < 1 }
begin A := x; C := 1-x;                                  (9.17)
   while abs (C) > ε do
   begin{ A² = x * (1-C), C ≥ 0 }
      A := A * (1 + 0.5*c) ;
      C := sqr(C) * (0.75 + 0.25*C)
   end
   {x * (1-ε) ≤ A² < x}
end.
```

Das Programm terminiert auf Grund der Bedingung (9.16), welche besagt, daß $|C|$ ständig abnimmt und monoton 0 zustrebt.

9.2. Reihen

Die Anweisungsform (9.1) eignet sich nicht nur zur Berechnung von Folgen, sondern ebensosehr zur Darstellung von Reihen. Gegeben sei die Reihe

$$s_0, \; s_1, \; s_2, \ldots \tag{9.18}$$

aufbauend auf der Folge der Terme

$$t_0, \; t_1, \; t_2, \ldots$$

so daß $s_i = t_0 + t_1 + \cdots + t_i$. Falls die Folge durch die Rekursionsrelation

$$t_i = f(t_{i-1}) \qquad \text{für } i > 0 \tag{9.19}$$

definiert ist, so gilt für die Reihe offenbar

$$s_i = s_{i-1} + t_i \quad \text{für } i > 0 \qquad (9.20)$$
$$s_0 = t_0$$

Das Programmschema, das der Variablen S nach dem i-ten Durchlauf der wiederholten Anweisung den Wert s_i zuweist, lautet

```
T := t0;  S := T;
while p (S,T)  do
begin  T := f(T) ;  S := S+T
end
```
(9.21)

und es gelten die folgenden Aussagen:

1. $t_i = f(t_{i-1})$ für $i > 0$
2. $t_i \neq t_j$ für $i \neq j$ (9.22)
3. $s_i = s_{i-1} + t_i$ für $i > 0$ (9.23)
4. $\neg p(s_n, t_n)$
5. $p(s_i, t_i)$ für alle $i < n$ (9.24)

Beispiel 9.4. Approximation von exp (x). Die Reihenglieder

$$s_i = 1 + x + \frac{x^2}{2!} + \cdots + \frac{x^i}{i!} \qquad (9.25)$$

bestehen aus Termen, die durch die Rekursionsrelation

$$t_j = t_{j-1} * x/j \qquad (j > 0) \qquad (9.26)$$

und den Anfangswert $t_0 = 1$ definiert sind. Bekanntlich ist der Grenzwert

$$\lim_{i \to \infty} s_i = \exp(x) \qquad (9.27)$$

und die Reihe konvergiert für alle reellen Zahlen, d.h. die Terme nehmen derart rasch ab, daß die Summen einem gewissen Grenzwert zustreben. Diese Tatsache wird ausgenutzt durch das Programm (9.20),das durch Einsetzen der Rekursionsrelation (9.26) im Programmschema (9.21) entsteht.

```
var T, S: real; K: integer;
begin T := 1; S := T; K := 0;
   while T > ε do
   begin { S = 1 + x + · · · + x^K/K!     T = x^K/K! > ε }
      K := K+1;  T := T * x/K;  S := S + T
   end
end.
```
(9.28)

Der „Fehler", den der Endwert von S als Approximation von exp(x) enthält, beläuft sich auf die Summe

$$\frac{x^{K+1}}{(K+1)!} + \frac{x^{K+2}}{(K+2)!} + \cdots$$

Im allgemeinen ist es üblich, die Berechnung weiterer Glieder der Reihe abzubrechen, wenn die Größe des letzten Terms t_i r e l a t i v zur Summe s_i einen gewissen Grenzwert ϵ unterschreitet. Ein derartiges Abbruchkriterium wird im folgenden Beispiel verwendet.

Beispiel 9.5 A p p r o x i m a t i o n v o n sin(x). Die Reihenglieder

$$s_i = x - \frac{x^3}{3!} + \frac{x^5}{5!} - \cdots \pm \frac{x^{2i+1}}{(2i+1)!} \tag{9.29}$$

bestehen aus Termen, die durch die Rekursionsrelationen

$$\left.\begin{aligned} t_j &= -t_{j-1} * \frac{x^2}{k_j*(k_j-1)} \\ k_j &= k_{j-1} + 2 \end{aligned}\right\} j > 0 \tag{9.30}$$

sowie die Anfangswerte $t_0 = x$ und $k_0 = 1$ definiert sind.
Bekanntlich ist

$$\lim_{i \to \infty} s_i = \sin(x) \tag{9.31}$$

und das Programm, das diesen Wert approximiert und das durch Einsetzen von (9.30) in das Programmschema (9.21) entsteht, lautet

```
var S, T: real;  K: integer;
begin T := x;  K := 1; S := T;                                  (9.32)
   while abs(T) > ε*abs(S) do
   begin K := K+2;  T := -T * sqr (x) / (K*(K-1));
      S := S + T
   end
end.
```

Bemerkenswert an den Programmen (9.13), (9.17), (9.28) und (9.32) ist die Tatsache, daß die Anzahl der notwendigen Glieder der Folge oder Reihe und damit die Anzahl der Repititionen aus den Abbruchbedingungen nicht ersichtlich sind. In den vorangegangenen Beispielen werden Glieder verwendet, deren Absolutwerte abnehmen und einem Grenzwert 0 zustreben. Die Anzahl der Repetitionen hängt also sicher von der Wahl der Größe ϵ ab. Sie hängt jedoch auch von der Konvergenzgeschwindigkeit der Folge ab; diese aber ist im allgemeinen eine Funktion des Arguments x. Es ist daher bei der Anwendung von Rekursionsrelationen zur Erstellung von Programmen große Vorsicht am Platz, selbst wenn mathematische Analysis absolute Konvergenz garantiert. In Beispiel 9.4 ist der Konvergenzgrad hoch für kleine positive Werte von x. Für $x < 0$ soll die Beziehung

$$\exp(-x) = 1 / \exp(x) \tag{9.33.1}$$

und für große Werte von x die Beziehung

$$\exp(i+y) = \exp(i) * \exp(y) \tag{9.33.2}$$

verwendet werden, wobei x = i+y und i = trunc(x). exp(i) kann dann einfacher durch wiederholte Multiplikation von e berechnet werden.

Besondere Vorsicht aber ist geboten, wenn die Glieder der Reihe ein alternierendes Vorzeichen besitzen. In Beispiel 9.5 konvergiert S ebenfalls nur rasch, wenn x klein ist. Für Argumente, die im Intervall $(\pi, 2\pi)$ liegen, werde die Formel

$$\sin(x+\pi) = -\sin(x) \tag{9.34.1}$$

verwendet und für solche außerhalb des Intervalls $(0, 2\pi)$ die Beziehung

$$\sin(x+2n\pi) = \sin(x) \tag{9.34.2}$$

Werden ferner die Beziehungen

$$\begin{aligned} \sin(x) &= \sin(\pi-x) \quad \text{für } \frac{\pi}{2} \leqslant x < \pi \\ \sin(x) &= \cos(\frac{\pi}{2}-x) \text{ für } \frac{\pi}{4} \leqslant x < \frac{\pi}{2} \end{aligned} \tag{9.34.3}$$

verwendet, so läßt sich die Berechnung von Werten sin(x) nach Programm (9.32) beschränken auf das Intervall $0 \leqslant x \leqslant \frac{\pi}{4}$, in dem die Konvergenzgeschwindigkeit genügend groß ist für praktische Zwecke, d.h. wo die Anzahl der Terme derart klein ist, daß die Rundungsfehler der Arithmetik endlicher Genauigkeit noch keinen entscheidenden Einfluß ausüben.

Das Beispiel 9.5 ist geeignet, um die Anwendung einer weiteren Grundregel des Programmierens zu demonstrieren. Innerhalb der repetierten Anweisungsgruppe wird der Wert x^2 berechnet. Diese Berechnung wird wiederholt, obwohl der Wert x (und damit auch x^2) konstant bleibt. Der unnötige Rechenaufwand kann eliminiert werden, indem x^2 ein einziges Mal (d.h. außerhalb der while-Anweisung) berechnet und einer Hilfsvariablen h zugewiesen wird, die überall anstelle von x^2 eingesetzt wird. Dieses Vorgehen kann allgemein als Grundregel wie folgt formuliert werden:

Wenn innerhalb einer wiederholten Anweisung ein Wert f(x) verwendet wird und wenn das Argument x sich während der Wiederholungen nicht ändert, dann werde eine Hilfsvariable h eingeführt, der vor der wiederholten Anweisung der Wert f(x) zugewiesen wird. Anstelle von

while P **do** (9.35.1)
begin . . . f(x) . . . **end**

schreibe man

```
h := f(x);
while P do                                  (9.35.2)
begin ... h ... end
```

Übungen

1. Man vervollständige die Programme (9.28) und (9.32) derart, daß die Funktionen exp(x) bzw. sin(x) effizient, unter Verwendung der Beziehungen (9.33) und (9.34), ausgeführt werden.

2. Man entwickle ein Programm zur Berechnung (einer Approximation) von cos(x) aus dem Programmschema (9.21).

$$\cos(x) = 1 - \frac{x^2}{2!} + \frac{x^4}{4!} - \ldots$$

3. Man entwickle ein Programm nach dem Schema (9.21) zur Berechnung eines endlichen Teils der Reihe

$$\int_0^x \exp(-u^2)\ du = x - \frac{x^3}{3*1!} + \frac{x^5}{5*2!} - \frac{x^7}{7*3!} + \cdots$$

Vorsicht! Man beachte, daß die Reihe bei Werten $x > 1$ schlecht konvergiert. Welches sind die Konsequenzen, die bei Verwendung eines Computers mit endlichem Wertebereich zu beachten sind? (Man verfolge z.B. die einzelnen Glieder, wenn $x = 5, 6$.)

4. Man entwickle ein Programm nach dem Schema (9.2) zur Berechnung der Fibonacci-Zahlen auf zwei verschiedene Arten:

1. Nach deren Definition durch die Rekursionsrelation

$$f_{i+1} = f_i + f_{i-1} \quad \text{für } i > 0$$

$$f_0 = 0,\ f_1 = 1$$

2. Nach der Formel

$$f_i = \mathrm{round}(c^i/\sqrt{5})$$

wobei

$$c = (1 + \sqrt{5}) / 2$$

Man verwende für $\sqrt{5}$ den angenäherten Wert 2.236068 und ermittle den kleinsten Wert i, für den die nach den beiden Methoden berechneten Werte f_i voneinander abweichen.

5. Man erstelle ein Programm nach dem Programmschema (9.2) zur Berechnung des Logarithmus einer Zahl x zur Basis 2 ($1 \leqslant x < 2$). Man verwende die Rekursionsrelationen

$$a_i = \begin{cases} a_{i-1}^2 & \text{wenn } a_{i-1}^2 < 2 \\ \frac{1}{2} a_{i-1}^2 & \text{wenn } a_{i-1}^2 \geqslant 2 \end{cases}$$

$$b_i = \frac{1}{2} b_{i-1}$$

$$s_i = \begin{cases} s_{i-1} & \text{wenn } a_{i-1}^2 < 2 \\ s_{i-1} + b_i & \text{wenn } a_{i-1}^2 \geqslant 2 \end{cases}$$

für $i > 0$, und $a_0 = x,\ b_0 = 1,\ s_0 = 0$.

Die Rechnung werde abgebrochen, wenn $b_n \leqslant \epsilon$. Man finde die Invariante der Repetition, verifiziere damit das Resultat lim $s_n = \log(x)$ und die Endlichkeit des Algorithmus.

6. Man verifiziere die Resultate in den Programmen (9.13) und (9.17) durch Einsetzen der nötigen Zusicherungen unter Verwendung der angegebenen Invarianten.

7. Man ersetze in den Programmen (9.13), (9.17), (9.28) und (9.32) die kleine Größe ϵ durch Null. Bleibt das Programm bei Ausführung durch eine Gleitkomma-Arithmetik endlicher Genauigkeit endlich? Welche Axiome (s. Abschnitt 8) sind zur Gewährleistung dieser Bedingung besonders wichtig?

8. Man führe die Programme (9.13), (9.17), (9.28) und (9.32) durch einen Computer aus und ergänze sie durch einen Zähler der ausgeführten Repetitionen. Man ermittle die Konvergenzgeschwindigkeit der Programme für verschiedene Werte von x.

10. Die Strukturart „File“

10.1. Der Begriff des File

Die vorstehend behandelten skalaren Datentypen zeichnen sich dadurch aus, daß ihre Werte unteilbare Einheiten darstellen und daß im bezeichneten Wertebereich eine Ordnungsrelation besteht (daher „skalar“). In der Datenverarbeitung ist es aber wichtig, daß nicht nur einzelne Werte, sondern ganze Wertemengen als Kollektiv mit einem Namen behaftet und behandelt werden können. Werte, die solchermaßen als Mengen von Werten betrachtet werden, nennt man *strukturiert*. Es gibt verschiedene Arten der Strukturierung, die sich vor allem durch die Art und Weise, in der die Komponentenwerte bezeichnet werden, und durch die Mechanismen oder Operationen, die sie zugreifbar machen, unterscheiden.

Variablen, deren Werte aus Komponenten zusammengesetzt sind, werden *strukturierte Variablen* genannt. Um den Typ einer strukturierten Variablen zu definieren, sind also zweierlei Angaben nötig:

1. die Bezeichnung der Strukturart und
2. die Angabe des Typs der Komponenten.

Die einfachste Strukturart ist die Folge oder *Sequenz*. Das bekannteste Beispiel einer Variablen mit Sequenz-Struktur ist die *Kartei*. In der Datenverarbeitung ist dafür die Bezeichnung *sequentielles File* gebräuchlich. Hier sei dieses einfach *File* genannt, wobei das Attribut „sequentiell“ implizit sein soll. Zur Vereinbarung eines Typs F mit der Strukturart File und dem Komponententyp T werde die Schreibweise

type F = **file of** T (10.1)

verwendet. Alle Komponenten seien daher vom *gleichen Typ*. (Als Wertebereich bezeichnet F die *freie Halbgruppe* über dem Komponententyp T.)

Ein solcher unbegrenzter Wertebereich kann mit Hilfe der Konkatenations-operation formal definiert werden. Es seien

$$\alpha = \langle x_1, x_2 \ldots x_m \rangle \quad \text{und} \quad \beta = \langle y_1, y_2 \ldots y_n \rangle$$

zwei Sequenzen oder Files. Dann wird die Aneinanderreihung oder Konkatenation der beiden Files wie folgt bezeichnet:

$$\alpha \,\&\, \beta = \langle x_1 \ldots x_m, y_1 \ldots y_n \rangle \tag{10.2}$$

Der Wertebereich F in (10.1) ist dann durch folgende Axiome bestimmt:

1. $\langle\,\rangle$ ist ein (Wert von) F, nämlich die l e e r e Folge
2. wenn f ein F und t ein T sind, dann ist auch $f \,\&\, \langle t \rangle$ ein F.
3. es gibt keine anderen Werte von F.

Eine File-Variable f wird nach den in Abschn. 8 behandelten Konventionen durch

var f : F oder **var** f : **file of** T (10.3)

vereinbart. Ihr Wert ist also stets eine F o l g e von Ts. Aus später ersichtlichen Gründen wollen wir annehmen, daß durch jede Vereinbarung einer File Variablen f zusätzlich eine zugehörige Variable vom Komponententyp T eingeführt wird, die wir P u f f e r - V a r i a b l e benennen und mit f↑ bezeichnen. Sie wird benützt, um f weitere Komponenten zuzufügen oder zu entnehmen.

Bei der Verwendung von Rechenanlagen spielen Files eine eminent wichtige Rolle. Sie sind geeignet, Daten zu repräsentieren, die auf mechanisch beweglichen Speichermedien aufbewahrt sind, und bei denen der sequentielle Zugriff deshalb als der zweckmäßige oder sogar einzig mögliche erscheint, weil die Komponenten in strikter Reihenfolge an einem Lese- oder Schreibmechanismus vorbei befördert werden. Die Operationen, die eine Rechenanlage an einem Speichermedium ausführen kann, hängen von dessen physikalischer Beschaffenheit ab. Die folgenden Speichermedien, die mit Vorteil als sequentielle Datenspeicher betrachtet werden, finden sehr häufig Verwendung:

Magnetbänder, Plattenspeicher (Magnettrommelspeicher):
Schreiben, Lesen und Auslöschen (Rückspulen und Überschreiben) sind möglich.

Kartenstapel, Papierstreifen:
Schreiben und Lesen sind möglich. Da die beiden Operationen jedoch durch verschiedene Geräte ausgeführt werden und in Programmen vereinbarte File-Variablen jeweils einem bestimmten Gerät zugeordnet werden, wird an einem Karten- oder Papierstreifen-File jeweils nur eine der beiden Operationen ausführbar sein. Ein File, das nur ge-

lesen werden kann, wird als E i n g a b e - F i l e (input file), ein solches, das nur geschrieben werden kann, als A u s g a b e - F i l e (output file) bezeichnet.

Druckerpapier:
Das entsprechende File ist ein Ausgabe-File.

Der Begriff des File dient also als A b s t r a k t i o n aller dieser Speichermedien und gestattet, ihre gemeinsamen Charakteristiken und Operatoren allgemeingültig zu formulieren. Die wichtigsten dieser Operatoren werden nachfolgend behandelt; die Art und Weise, wie eine File-Variable an ein bestimmtes Speichermedium gebunden wird, sei hier jedoch nicht spezifiziert.

10.2. Generierung eines File

Durch die Vereinbarung einer File-Variablen wird, wie bei skalaren Variablen, lediglich deren Bezeichnung, Typ und Strukturart festgelegt. Die Anzahl der Komponenten (die L ä n g e des File) jedoch bleibt frei und läßt sich während des Ablaufs des Rechenprozesses verändern. Diese d y n a m i s c h e Eigenschaft zeichnet die Strukturart File besonders aus. Komponenten können nun allerdings nicht beliebig eingefügt oder entnommen werden, sondern nur in strikt sequentieller Folge. Dazu stehen Standard-Operatoren oder Prozeduren zur Verfügung, die in diesem und dem nächsten Abschnitt eingeführt werden.

Die Prozedur put (f) wird verwendet, um der File-Variablen f eine Komponente am Ende anzufügen. Der zugefügte Wert ist der momentane Wert der Puffer-Variablen $f\uparrow$. Formal sei der Effekt von put (f) durch (10.4) festgelegt.

$$\{(f = \alpha) \wedge (f\uparrow = x)\} \quad \text{put}\,(f) \quad \{f = \alpha \,\&\, \langle x \rangle\} \tag{10.4}$$

Um effiziente Implementationen von File-Variablen und -Operatoren zu ermöglichen, ist es günstig, den Wert der Puffer-Variablen nach Ausführung des put-Operators undefiniert zu lassen. Wir wollen also zulassen, daß put (f) einen nicht spezifizierten Nebeneffekt auf $f\uparrow$ ausüben darf.

Beispiel 10.1. G e n e r i e r u n g e i n e s F i l e s . Es werde ein File generiert, dessen i-te Komponente den Wert i^2 besitzt und das alle Quadratzahlen kleiner als n enthält.

H i n w e i s : Man beachte die Rekursionsrelationen

$$\left.\begin{aligned} a_i &= a_{i-1} + b_i \\ b_i &= b_{i-1} + 2 \end{aligned}\right\} \quad i > 1 \qquad (10.5)$$

Wenn $a_1 = b_1 = 1$, so folgt $a_i = i^2$.

```
var A, B: integer;
    f: file of integer;
begin A := 1; B := 1;
   repeat { A = (B+1)²/4 }
      f↑ := A;  put (f);
      B := B+2;  A := A+B
   until A ⩾ n
end.
```

(10.6)

10.3. Inspektion eines File

Nachdem ein File erstellt, generiert, geschrieben ist, steht es zur Inspektion, zum Lesen zur Verfügung. Dabei wird wiederum strikt sequentiell vorgegangen; die Komponenten werden in der gleichen Reihenfolge gelesen, wie sie erzeugt wurden. Beim Lesen gibt es also immer eine bestimmte Position, an der das File inspiziert wird. Ist das File konkret z.B. ein Magnetband, so entspricht diese abstrakte Position der Lage des Lesekopfes. Während beim Schreiben der Schreibkopf stets am Ende des abstrakten File positioniert ist und daher nicht explizit benannt werden muß, wird es nun nötig, die abstrakte Leseposition in unserem Formalismus auszudrücken. Dies geschieht auf einfachste Art, indem die beiden Teile, die links und rechts des Lesekopfes liegen, d.h. bereits gelesen sind und noch gelesen werden müssen, explizite Bezeichnungen, z.B. f_L und f_R erhalten. Es gelte dann stets die invariante Beziehung

$$f \equiv f_L \,\&\, f_R \qquad (10.7)$$

Man beachte, daß sowohl f_L, f_R als auch & vom Programmierer nicht direkt verwendet werden können. Diese Objekte und Operatoren werden hier lediglich als Hilfsmittel eingeführt, um die Bedeutung der File-Operatoren (z.B. put (f)) zu erläutern und formal zu definieren.

Die erste Komponente von f_R sei nun stets die einzige, die direkt inspiziert werden kann. Mittels der Hilfsfunktion

$$\text{first}\,(\langle x_1, x_2 \ldots x_n \rangle) = x_1$$

können nun die beiden wichtigen File-Prozeduren reset (f) und get (f) beschrieben werden. Die Anweisung reset (f) setzt die Leseposition an den Anfang des File, entspricht also z.B. dem Rückspulen eines Magnetbandes.

$$\{f = \alpha\} \quad \text{reset (f)} \quad \{(f_L = \langle\ \rangle) \wedge (f_R = \alpha) \wedge (f\uparrow = \text{first}\,(f_R))\} \tag{10.8}$$

Die Puffer-Variable f↑ besitzt nun den Wert der e r s t e n Komponente von f (falls es eine gibt). Um zur nächsten Komponente zu gelangen, wird der Operator get (f) benutzt. Dadurch wird die Leseposition um eine Stelle weitergeschaltet.

$$\{(f_L = \alpha) \wedge (f_R = \langle x\rangle \mathbin{\&} \beta)\} \quad \text{get (f)} \quad \{(f_L = \alpha \mathbin{\&} \langle x\rangle) \wedge (f_R = \beta) \wedge (f\uparrow = \text{first}\,(f_R))\} \tag{10.9}$$

Man beachte, daß $f\uparrow = \text{first}\,(f_R)$ nach der Ausführung sowohl von reset (f) als auch von get (f) erfüllt ist. Die Funktion first (f) ist aber logischerweise nur definiert, wenn f nicht leer ist. Es ist daher unbedingt nötig, auf irgendeine Weise feststellen zu können, ob f_R leer sei. Dazu postulieren wir das Standard Prädikat (Boolesche Funktion) eof (f) als Abkürzung von „end of file" mit der Bedeutung

$$\text{eof (f)} \equiv f_R = \langle\ \rangle$$

Wir halten fest, daß nach den Anweisungen reset (f) und get (f) die Puffer-Variable f↑ nur inspiziert werden darf, nachdem festgestellt wurde, daß eof (f) nicht erfüllt ist.

Als vierte Grundoperation wird die Standard-Prozedur rewrite (f) eingeführt. Sie wird benützt, um die Generierung eines File einzuleiten und den momentanen Wert durch die leere Folge zu ersetzen.

$$\text{rewrite (f)} \quad \{f = \langle\ \rangle\} \tag{10.11}$$

Die vier Grundoperatoren können dementsprechend nicht in beliebiger Reihenfolge eingesetzt werden. Speziell zu beachten ist, daß eine Schreiboperation eine Leseoperation nicht unmittelbar folgen darf. Die logischerweise zulässigen Nachfolger von File-Operationen sind in (10.12) tabellarisch angeführt:

Operation	zulässige nächste Operation
put	put, reset, (rewrite)
reset	get, (reset, rewrite)
get	get, reset, rewrite
rewrite	put, (rewrite, reset)

(10.12)

Der sequentielle Charakter des File bringt es mit sich, daß sehr oft eine zu wiederholende Anweisung die natürliche Struktur eines Programmes ist, um ein File zu inspizieren. Es sei A eine Anweisung zur Verarbeitung des Wertes f ↑. Dann dienen die Programm-Schemata (10.13) und (10.14) als charakteristische Vorlagen, wobei (10.14) nur für nicht leere Files anwendbar ist.

```
while ¬ eof (f) do
   begin A; get (f)
   end
```
(10.13)

```
repeat A; get (f)
until eof (f)
```
(10.14)

Beispiel 10.2. B e s t i m m e n d e r F i l e - L ä n g e L .

```
var L: integer;
begin L := 0; reset (f);
   while ¬ eof (f) do
      begin L := L+1; get (f)
      end
end
```
(10.15)

Beispiel 10.3. M i t t e l w e r t u n d S t r e u u n g . Für eine Serie von Meßwerten x_i, dargestellt als nicht leeres File f von reellen Zahlen, seien der Mittelwert m und die Streuung s zu berechnen.

$$m = \frac{1}{n} \sum_i x_i \qquad s^2 = \frac{1}{n} \sum_i (x_i - m)^2 \tag{10.16}$$

Das Schema (10.14) wird zweimal verwendet.

```
var m, s; real; n: integer;
begin m := 0; n := 0; reset (f);
   repeat n := n+1; m := m+f ↑; get (f)
   until eof (f);
   m := m/n; s := 0; reset (f);
   repeat s := s+sqr (f ↑ - m); get (f)
   until eof (f);
   s := sqrt (s/n)
end
```
(10.17)

10.4. Text-Files

Ein File, dessen Komponenten Schriftzeichen sind, wird Text-File genannt. Text-Files nehmen unter den verschiedenen Datentypen insofern eine Schlüsselrolle ein, als die Ein- und Ausgabedaten der meisten Computerprogramme Text-Files sind. Sowohl mit Schreibmaschinen gefertigte Lochstreifen als auch durch Kartenlocher hergestellte Kartenstapel sowie auf Papier gedruckte Rechenresultate stellen Text-Files dar. Ein Rechenprozeß, der diese Medien als Datenträger für Eingangswerte und Resultate verwendet, kann allgemein als eine Datentransformation eines Text-File (genannt input) in ein anderes Text-File (genannt output) aufgefaßt werden.

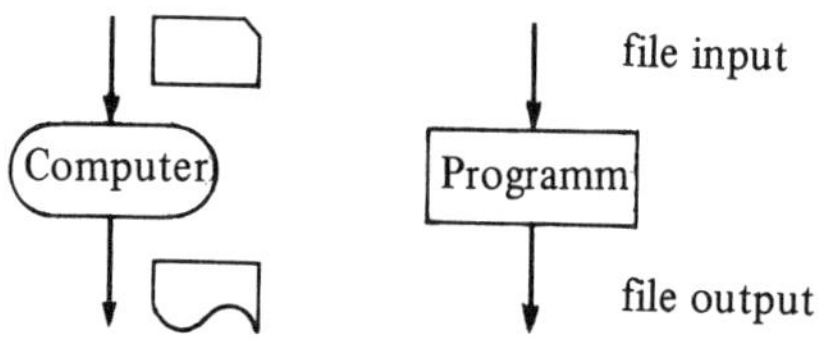

Es ist aus diesem Grunde angebracht, daß analog zu vordefinierten Standard-Typen und Standard-Funktionen zwei Standard-Variablen vorausgesetzt werden, die in jedem Computersystem als vorhanden und bekannt betrachtet werden können. Ihre impliziten Vereinbarungen seien wie folgt definiert:

type text = **file of** char
var input, output: text (10.18)

Die beiden Variablen sollen die Standard-Ein- und Ausgabemedien von Rechenanlagen bezeichnen. Sinngemäß seien sie daher folgenden Einschränkungen unterworfen:

1. input kann im Programm nur gelesen, nicht aber generiert (oder zurückgestellt) werden; es ist nur die Operation get erlaubt.
2. output kann nur generiert, nicht aber gelesen (oder zurückgestellt) werden; es ist also nur die Operation put erlaubt.

Nun sind Texte bekanntlich in Zeilen unterteilt, und es stellt sich damit die Frage, wie diese Zeilenstruktur auszudrücken ist. Dabei ergeben sich zwei prinzipiell verschiedene Möglichkeiten:

1. Der durch den Typ „char" definierte Zeichensatz enthält ein Zeichen, das ein Zeilenende markiert. Es ist verwandt mit dem Leerzeichen (blank), das einen Abstand markiert.

2. Jede Zeile wird als (Unter-) Folge von Schriftzeichen aufgefaßt; der Text selbst ist eine Folge von Zeilen.

Zu Fall 1 sind keine weiteren Erklärungen hinzuzufügen. Da jedoch viele Rechenanlagen Zeichensätze verwenden, die keine Steuerzeichen (explizit) anführen, verdient Fall 2 einige Beachtung. Zwar ließe sich ein Text durchaus aus **file of file of** char definieren, doch würde damit die Beschreibung von Textverarbeitungen recht umständlich. Eine Ausnahmebehandlung des Types „text" drängt sich daher auf. Sie bedingt die Einführung von weiteren Standard-Operatoren zur Erzeugung und Erkennung von Zeilenenden, die wir wie folgt postulieren:

writeln (f)	füge f ein Zeilenende an.
readln (f)	f↑ wird gleich dem ersten Zeichen der nächsten Zeile.
eoln (f)	Boolesche Funktion; wahr, nachdem get (f) die Leseposition über das letzte Zeichen einer Zeile hinaus verlegt. (end of line)

Um die Verarbeitung von Texten, bei denen die Zeilenstruktur keine Rolle spielt, zu erleichtern, nehmen wir an, daß f↑ ein Leerzeichen (blank) darstellt, wenn eoln (f) wahr ist. Dies bedeutet, daß für den Programmierer, der das Prädikat „eoln" ignoriert, jedes Zeilenende durch ein (zusätzliches) Leerzeichen angedeutet wird.

Da Text-Files im allgemeinen und die Standard-Files „input" und „output" im besonderen sehr häufig verwendet werden, wird für sie eine zusätzliche, abgekürzte Schreibweise eingeführt, die durch folgende Tabelle definiert sei.

Ausführliche Schreibweise	Abkürzung
c := f↑; get (f)	read (f, c)
f↑ := c; put (f)	write (f, c)
read (f, c1); . . . ; read (f, cn)	read (f, c1, . . . , cn)
write (f, c1); . . . ; write (f, cn)	write (f, c1, . . . , cn)
read (f, c1, . . . , cn); readln (f)	readln (f, c1, . . . , cn)
write (f, c1, . . . , cn); writeln (f)	writeln (f, c1, . . . , cn)

(10.19)

Ferner soll in diesen Fällen der File-Parameter f ausgelassen werden dürfen, wenn es sich um die Standard-Files „input" oder „output" handelt. Die Standard-Files werden als sog. Weglaßwerte (default values) bezeichnet.

$$\begin{aligned} \text{read}\,(X) &\equiv \text{read}\,(\text{input}, X) \\ \text{write}\,(X) &\equiv \text{write}\,(\text{output}, X) \end{aligned} \tag{10.20}$$

Beispiel 10.4. Graphische Darstellung einer Funktion. Eine reelle Funktion werde graphisch mit Hilfe des Zeilendruckers dargestellt. Dies geschehe, indem die Funktion an den äquidistanten Stellen $x_0, x_1, \ldots, x_{n-1}$ berechnet und in dem an den Orten mit den Koordinaten $(x_0\ y_0), (x_1\ y_1), (x_2\ y_2), \ldots, (x_n\ y_n)$ je ein $*$-Zeichen gedruckt wird. Die x-Achse verlaufe entlang der Längsachse des Papiers, und $d = x_i - x_{i-1}$ entspreche einem Zeilenabstand. Die Position des Zeichens an der Stelle x_i wird erhalten, indem der Wert $y_i = f(x_i)$ berechnet, mit einem Skalenfaktor s multipliziert und auf den nächsten ganzzahligen Wert gerundet wird, der die Anzahl der in dieser Zeile dem Stern voranzugehenden Leerzeichen angibt. Im folgenden Programm (10.21) werden die folgenden Werte als Beispiel eingesetzt:

$f(x) = \exp(-x) * \sin(2\pi x), \quad 0 \leqslant x < 4$
$d = 1/32$ (32 Zeilen für den Abschnitt [x, x+1])
$s = 50$ (50 Zeichenbreiten für Abschnitt [y, y+1])
$h = 65$ (Abstand der x-Achse vom Papierrand)

```
const d = 0.03125, s = 50, h = 65, c = 6.28318;
var x, y:  real;  i, n: integer;
begin i := 0;                                              (10.21)
   repeat x := i * d;  y := exp (-x)  * sin(c*x);
            n := round (s*y) + h;
      repeat write (' '); n := n - 1
      until n = 0;
      writeln ('*'); i := i+1
   until i = 128
end.
```

Die Unterteilung eines File in Zeilen hat einen direkten Einfluß auf die Struktur von Programmen, die Text verarbeiten. Analog zu (10.13) kann ein charakteristisches Programmschema formuliert werden, das diesmal eine geschachtelte Schleifenstruktur aufweist (10.22). In der „äußeren" Repetition werden einzelne Zeilen verarbeitet; die „innere" betrifft die Behandlung einzelner Zeichen. Die Anweisung A1 wird am Anfang, A3 am Schluß jeder Zeile ausgeführt, während A2 auf jedes Zeichen angewendet wird.

```
while ¬ eof (f) do
begin A1;
   while ¬ eoln (f) do
      begin read (f, c); A2 (c)
      end;
   A3; readln (f)
end
```
(10.22)

Für Files, die weder leer sind noch leere Zeilen enthalten, kann analog zu (10.14) das Schema (10.23) zur Anwendung gelangen.

```
repeat A1;
   repeat read (f, c); A2 (c)
   until eoln (f);
   A3; readln (f)
until eof (f)
```
(10.23)

Beispiel 10.5. Kopieren des File „input“ zu einem File „output“ unter Zufügung eines Leerzeichens am Anfang jeder Zeile. Verwendung von Schema (10.22) und Abkürzungen (10.19) und (10.20).

```
var c: char;
begin
   while ¬ eof (input) do
   begin write (' ');
      while ¬ eoln (input) do
         begin read (c); write (c)
         end;
      writeln; readln
   end
end.
```
(10.24)

Übungen

1. Gegeben seien zwei Eingabe-Files f und g , die geordnete Zahlenfolgen

$$f_1, f_2, \ldots, f_m \quad \text{und} \quad g_1, g_2, \ldots, g_n$$

enthalten, so daß

$$f_{i+1} \geqslant f_i \quad \text{und} \quad g_{i+1} \geqslant g_i$$

Die beiden Files sind in ein einziges Ausgabe-File h zu vereinigen, so daß

$$h_{i+1} \geqslant h_i \quad \text{für} \quad 1 \leqslant i < m + n$$

Man entwickle ein entsprechendes Programm.

2. Man ergänze das Programm (10.21) derart, daß zugleich mit der Funktion f (x) auch die x-Achse dargestellt wird.

3. Man erstelle ein Programm, daß ein File f in ein File g kopiert, wobei aufeinanderfolgende Leerzeichen durch ein einziges Leerzeichen ersetzt werden, außer wenn sie sich am Zeilenanfang befinden.

11. Die Strukturart „Array"

Eine Variable, welche die Strukturart „Array" besitzt, besteht wie eine File-Variable aus einer Menge von Komponenten des gleichen Typs. Die folgenden Eigenschaften unterscheiden jedoch die beiden Strukturarten:

1. Jede einzelne Komponente eines „Array" ist explizit benennbar.
2. Die Anzahl der Elemente wird bei der Einführung der Array-Variablen festgelegt und bleibt danach unverändert.

Aus diesen Charakteristiken ergibt sich die Notwendigkeit von Notations-Konventionen zur

1. Bezeichnung einzelner Array-Komponenten und
2. Vereinbarung von Array-Typen und deren Komponentenzahl.

Es ist naheliegend, zur Bezeichnung einer Array-Komponente den Namen der Array-Variablen mit einem Zusatz, genannt Index, zu versehen, der die Komponente eindeutig benennt. Was die Strukturart „Array" besonders auszeichnet, ist die Verwendung von berechenbaren Größen als Indexwerte. Diese müssen daher Werte eines vereinbarten skalaren Typs sein, der Indextyp oder Indexbereich genannt wird. Es gelten die folgenden Notations-Konventionen:

1. In der Vereinbarung eines Array-Typs wird sowohl der Komponententyp als auch der Indextyp spezifiziert. Es besteht eine eindeutige Zuordnung zwischen Indexwerten und Array-Komponenten. Die Vereinbarung eines Array-Typs hat die Form

type A = **array** [Indextyp] **of** Komponententyp (11.1)

B e i s p i e l e von Array-Variablenvereinbarungen sind:

var a: **array** [1 . . 20] **of** real
var b: **array** [Farbe] **of** Farbe (11.2)

Danach besitzt die Variable a zwanzig Komponenten vom Typ „real“ mit Indexwerten 1, 2, . . . , 20, und b besitzt vier Komponenten vom Typ Farbe (s. Abschnitt 8) mit den Indexwerten rot, gelb, grün und blau.

2. Die Komponenten einer Array-Variablen A mit dem Indexwert i wird mit A_i oder A[i] bezeichnet.

B e i s p i e l e : (s. (11.2))

a[10] a[i+j]
b[rot] b[succ(gelb)] (11.3)

Jede Array-Variable stellt eine mathematische Abbildung des Indexbereiches auf den Komponententyp dar: Jedem Wert aus dem Bereich der Indizes entspricht ein Wert aus dem Bereich des Komponententyps (nämlich der Wert der durch den Index bezeichneten Komponenten). Die mathematische Schreibweise zur Darstellung von Abbildungen ist

$$a\colon (1\,..\,20) \rightarrow \text{real} \qquad b\colon \text{Farbe} \rightarrow \text{Farbe} \tag{11.4}$$

Zwei Array-Variablen werden als g l e i c h bezeichnet, wenn die entsprechenden Komponenten gleiche Werte besitzen:

$$a = b \Leftrightarrow a_i = b_i \quad \text{für alle } i \tag{11.5}$$

Die Bedingung, daß jede Komponente eines Array direkt benennbar sei, bringt die Forderung mit sich, daß während der Ausführung eines Computerprogramms mit Array-Variablen jede Komponente gleich rasch zugreifbar sein muß. Dadurch wird die Wahl von zweckmäßigen Speichermedien zur Darstellung von Array-Variablen stark eingeschränkt. Ungeeignet sind in erster Linie sequentielle Speichermedien, wie Papierstreifen oder Magnetbänder und, in etwas eingeschränktem Sinn, auch Plattenspeicher. Für die Darstellung von Array-Variablen drängt sich die Verwendung von Speichern auf, bei denen die Zugriffszeit unabhängig von der Wahl der Speicherzelle ist. Der bekannteste Repräsentant dieser „random-access“-Speicherart ist der Magnetkernspeicher. Die Kosten pro Speichereinheit sind jedoch für Kernspeicher wesentlich höher als für sequentielle Speicher, die stets dann verwendet werden, wenn es sich um die Unterbringung größerer Datenvolumina handelt. Wo die Größe einer Datenmenge die Unterbringung im schnellen und direkt zugreifbaren Kernspeicher – dem sogenannten Primärspeicher – noch gestattet, wird jedoch zweckmäßigerweise meistens die Array-Struktur verwendet. Im Gegensatz zum Primärspeicher werden die Medien mit sequentiellem Zugriff als S e k u n d ä r s p e i c h e r bezeichnet.

Beispiel 11.1. S u c h e n e i n e r A r r a y - K o m p o n e n t e n . Es soll der Index i ermittelt werden, so daß A[i] = x, wenn x und A[1], . . . , A[n] gegeben sind. Der Variablen q soll der Wert true zugewiesen werden, falls ein solches i existiert, sonst der Wert false .

```
var i: integer; q: Boolean;
   A: array [1 .. n] of integer;                          (11.6)
begin i := 0;
   repeat i := i+1; q := A[i] = x
   { 1 ⩽ i ⩽ n, A[j] ≠ x für j=1 ... i-1 }
   until q v (i = n)
end.
```

Beispiel 11.2. Suchen einer Komponenten im geordneten Array. Das Problem ist dasjenige aus Beispiel 11.1; die Werte A[i] seien jedoch geordnet, so daß A[i] ⩽ A[j] für alle i < j. Obwohl das Programm (11.6) auch in dieser Situation durchaus verwendbar ist, empfiehlt sich eine effiziente Methode, die sich die Ordnung im Array zu Nutzen macht. Sie beruht auf den folgenden Überlegungen: Man stelle sich vor, daß die Komponenten des Array die Knoten eines Baumes darstellen, der an jedem Knotenpunkt zwei Äste besitzt (binärer Baum). (11.7) zeigt den Fall mit 15 Knoten (n = 15).

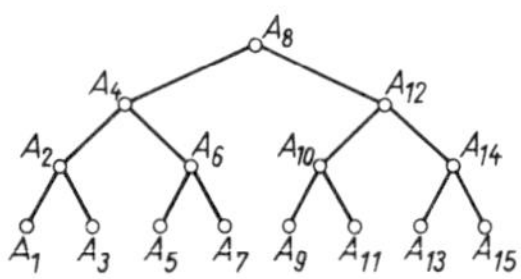

(11.7)

Wird zuerst die mittlere Komponente mit Index k = (1+n)/2 mit x verglichen, so ergeben sich die folgenden drei Möglichkeiten:

1. A[k] = x : Der gesuchte Wert ist gefunden.
2. A[k] < x : Eine Komponente mit Wert x kann sich nicht im linken Ast befinden, da alle seine Komponenten Indexwerte j < k besitzen und damit auch Werte A[j] < A [k]. Das weitere Suchen kann damit nach derselben Methode auf den rechten Ast beschränkt werden.
3. A[k] > x : Mit analogen Argumenten läßt sich das weitere Suchen auf den linken Ast beschränken.

Aus diesen Überlegungen ergibt sich das Programm (11.8).

```
var i, j, k: integer; q: Boolean;
   A: array [1 .. n] of integer;                          (11.8)
begin i := 1; j := n; q := false;
   repeat k := (i+j) div 2;
      if A[k] = x then q := true else
      if A[k] < x then i := k+1 else j := k-1
   until q v (i > j)
end.
```

Die in (11.8) dargestellte Methode des Durchsuchens eines geordneten Array wird binäres Suchen („binary search“) genannt. Bemerkenswert ist die Tatsache, daß die Anzahl der notwendigen Vergleiche von Komponenten mit x mindestens 1 und höchstens log n ist. Der zu erwartende Durchschnittswert liegt nahe bei log n, und ist also wesentlich geringer als im Programm (11.6).

Beispiel 11.3. Skalares Produkt. Gegeben seien die Werte $x_1, \ldots, x_n$ und $y_1, \ldots, y_n$. Es werde das skalare Produkt

$$s = \sum_{i=1}^{n} x_i * y_i \qquad (11.9)$$

berechnet. Die Darstellung der Summe in der Form der Rekursionsrelation

$$s_i = s_{i-1} + x_i * y_i \qquad s_0 = 0 \qquad (11.10)$$

ergibt nach dem Programmschema (9.21) das Programm (11.11).

```
var s: real; i: integer;
   x, y: array [1 .. n] of real;
begin { Zuweisung von Werten an x und y }          (11.11)
   s := 0; i := 0;
   repeat i := i+1; s := s + x[i]*y[i]
   until i = n
end
```

In Beispiel 11.3 werden die beiden Array-Variablen wie in Beispiel 11.1 rein sequentiell durchlaufen, wobei aber im Unterschied zu Beispiel 11.1 auf jeden Fall alle Komponenten berücksichtigt werden. Es ist sogar hier nicht einmal notwendig, daß die Reihenfolge eingehalten wird; es kann eine beliebige Reihenfolge gewählt werden, oder es könnten sogar die n Multiplikationen simultan ausgeführt werden. Dieser Sachverhalt tritt bei der Behandlung von Array-Strukturen derart häufig auf, daß sich zu seiner Verdeutlichung eine eigene Notation aufdrängt. Sie findet ihren Ausdruck in der Form einer Repetitionsklausel ähnlich den while- und repeat-Klauseln. Es sei A eine Anweisung, V eine Variable, und a und b Ausdrücke vom gleichen skalaren Typ wie V. Dann besagt

for V := a **to** b **do** A , (11.12)

daß die beiden Anweisungen

V := x; A (11.13)

wiederholt ausgeführt werden, und zwar einmal für jeden Wert x im Wertebereich a . . b . In Anlehnung an gängige Programmiersprachen soll zudem die Reihenfolge der Auswahl der Werte x in aufsteigender Reihenfolge definiert sein. Die Anweisung (11.12) sei daher als äquivalent mit einer Anweisungsfolge (11.14) definiert.

begin V := v_1; A; V := v_2; A; · · · ; V := v_n; A **end** (11.14) wobei $v_1 = a$, $v_n = b$, und $v_i = succ(v_{i-1})$ für alle $i = 2, 3, \ldots, n$. Daraus geht übrigens hervor, daß die Nachfolger-Funktion auf dem Wertebereich der Variablen V definiert sein muß, (und daß diese daher nicht vom Typ „real“ sein darf.) Die Anweisung (11.14) läßt sich geschlossen durch das Programmschema (11.15) darstellen.

```
if a ≤ b then
begin V := a; A;
   while V < b do
      begin V := succ(V); A
      end
end
```
(11.15)

Das Schema besagt unter anderem, daß die for-Anweisung keine Handlung bezeichnet, wenn $a > b$. Im Fall $a \leq b$ läßt die Komplexität des Schemas vermuten, daß die zugehörige Verifikationsregel ebenfalls komplizierter sein wird als diejenigen der while- und repeat-Anweisungsformen.

Verifikationsregel für die for-Anweisung. P und Q(V) seien Propositionen.

1. Voraussetzungen

a) $\{(V = a) \wedge P\}\ A\ \{Q(a)\}$ (11.16.1)

b) $\{Q(pred(x))\}\ A\ \{Q(x)\}$ für alle x, so daß $a < x \leq b$

2. Folgerungen

$$\{(a \leq b) \wedge P\}\ \textbf{for}\ V := a\ \textbf{to}\ b\ \textbf{do}\ A\ \{Q(b)\}$$
$$\{(a > b) \wedge P\}\ \textbf{for}\ V := a\ \textbf{to}\ b\ \textbf{do}\ A\ \{P\} \qquad (11.16.2)$$

Die Anwendung dieser Verifikationsregel sei am Beispiel 11.3 gezeigt. Das Programm (11.11) kann unter Verwendung der for-Klausel (und unter Weglassung der Vereinbarungen) dargestellt werden durch

```
begin s := 0;
   for i := 1 to n do s := s + x[i]*y[i]
end
```
(11.17)

Als Propositionen werden eingesetzt $s = 0$ für P und $s = \sum_{j=1}^{i} x_j * y_j$ für Q(i). Die beiden Voraussetzungen lauten dann

a) $\{(i = 1) \wedge (s = 0)\}\ s := s + x[i] * y[i]\ \{s = \sum_{j=1}^{1} x_j * y_j\}$

b) $\{s = \sum_{j=1}^{i-1} x_j * y_j\}\ s := s + x[i] * y[i]\ \{s = \sum_{j=1}^{i} x_j * y_j\}$ (11.18.1)

und b) ist für alle $i = 2, \ldots, n$ leicht zu verifizieren. Die Folgerung lautet danach (für $n > 0$)

$$\{s = 0\}\ \textbf{for}\ i := 1\ \textbf{to}\ n\ \textbf{do}\ s := s + x[i] * y[i]\ \{s = \sum_{j=1}^{n} x_j * y_j\} \qquad (11.18.2)$$

Es zeigt sich, daß die Proposition Q (V) die Rolle der Invarianten in den Verifikationsregeln der while- und repeat-Anweisungen übernimmt. Allerdings ist darin eine explizite Benennung der sogenannten Laufvariablen V notwendig, da deren Wertzuweisung in der for-Klausel implizit enthalten ist. Der große Vorteil der for-Anweisung liegt nun darin, daß die Endlichkeit der dargestellten Repetition nicht unter Beweis zu stellen ist.

Die for-Anweisung ist selbstverständlich nicht nur auf Programme eingeschränkt, die Array-Strukturen verwenden; sie empfiehlt sich jedoch dort in besonderem Maße. Über die Zweckmäßigkeit der Verwendung der for-Anweisung gibt die folgende Regel Aufschluß:

Ist eine Anweisung zu wiederholen, dann empfiehlt sich die Verwendung der for-Klausel, wenn die Anzahl der Wiederholungen zum voraus bekannt ist; sonst sind die while- oder repeat-Klauseln zu verwenden.

Die folgenden drei Beispiele von Programmen sollen die zweckmäßige Verwendung von Array-Variablen und for-Anweisungen veranschaulichen.

Beispiel 11.4. S u c h e n d e s g r ö ß t e n W e r t e s x[j]. Man bestimme den Index j so, daß $x_j = \max(x_m, \ldots, x_n)$.

```
var j, k: integer;
   x: array [m . . n] of integer;
begin j := m;                                   (11.19)
   for k := m+1 to n do
      if x[k] > x[j] then j := k
end.
```

Die zur Verifikation zu verwendende Proposition Q (k) ist

$$x[j] \geqslant x[i] \quad \text{für alle } i = m, \ldots, k \tag{11.20}$$

Beispiel 11.5. S o r t i e r e n (O r d n e n) e i n e s A r r a y . Die Komponenten einer Array-Variablen sollen derart vertauscht werden, daß die Werte in absteigender Reihenfolge geordnet erscheinen.Die naheliegendste Lösungsmethode ist die folgende:

1. Ermittle das größte Element nach Programm (11.19);
2. Vertausche x_j mit x_1;
3. Wiederhole die Schritte 1. und 2. mit der Menge $x_2, \ldots, x_n$; $x_3, \ldots, x_n$, usw., bis die zu inspizierende Menge nur noch aus x_n besteht.

Dieses Rezept wird vorerst wie folgt formuliert:

```
for h := 1 to n-1 do
begin { Q(h-1), wenn h > 1 }                    (11.21)
   1: Suche das größte Element xj = max (xh, . . . , xn);
   2: Vertausche xh und xj ;
      { Q(h) }
end
```

Die Anweisung mit der Marke 1 ist aus (11.19) zu entnehmen, und die Anweisung mit der Marke 2 wird formuliert als eine Folge dreier Wertzuweisungen, wobei u als Hilfsvariable dient

$$u := x[h]; x[h] := x[j]; x[j] := u \tag{11.22}$$

Die in der Verifikation zu verwendenden Propositionen sind

$$P: \text{ leer}$$
$$Q(h): \quad x_1 \geqslant x_2 \geqslant \cdots \geqslant x_h \geqslant x_i \quad \text{für alle } i > h \tag{11.23}$$

Daraus ergibt sich schließlich das Programm (11.24)

```
var h, j, k: integer; x : array [1 . . n] of integer;
begin  . . .
   for h := 1 to n-1 do
   begin j := h;
      for k := h+1  to n do                          (11.24)
         if x[k] > x [j] then j := k;
      u := x[h]; x[h] := x[j]; x[j] := u
   end
end.
```

In diesem Programm wird eine for-Anweisung innerhalb einer for-Anweisung selbst verwendet. Die Anzahl der Ausführungen der Anweisung „**if** x[k] > x [j] **then** . . . “ ist

$$(n-1) + (n-2) + \cdots + 2 + 1 = \frac{n * (n-1)}{2} \tag{11.25}$$

Der Rechenaufwand dieser primitiven Sortiermethode steigt also mit dem Quadrat der Anzahl der zu sortierenden Komponenten n. Für Probleme mit großen Werten n wird daher die Verwendung von effizienteren Sortiermethoden empfohlen.

Komponenten von strukturierten Variablen brauchen durchaus nicht skalar zu sein, sondern können selbst wiederum strukturiert sein. Sind die Komponenten eines Array A wiederum Arrays, dann wird dieser *mehrdimensional* genannt. Sind die Komponenten der Komponenten-Arrays skalar, dann heißt A eine *Matrix*. Die Vereinbarung einer Variablen mit mehrdimensionaler Array-Struktur erfolgt nach dem üblichen Schema (11.1).

Beispiel:

var M: **array** [a . . b] **of array** [c . . d] **of** T (11.26)

M besteht danach aus b–a+1 Komponenten (oft Matrix-Zeilen genannt) mit Indexwerten a, a+1, . . . , b zu je d–c+1 Komponenten vom Typ T und mit Indexwerten c, c+1, . . . , d. Um die i-te Komponente (Matrixzeile) von M zu benennen, wird die Bezeichnung

$$M[i] \qquad a \leqslant i \leqslant b \tag{11.27.1}$$

verwendet, während

$$M[i]\,[j] \qquad a \leqslant i \leqslant b, c \leqslant j \leqslant d \tag{11.27.2}$$

eine Elementarkomponente vom Typ T bezeichnet. Üblicherweise werden jedoch die folgenden abgekürzten Schreibweisen gebraucht, die völlig äquivalent mit (11.26) bzw. (11.27.2) sind:

```
var M: array [ a . . b , c . . d] of T
  M [i, j]
```
(11.28)

Beispiel 11.6. Multiplikation zweier Matrizen. Es sollen die beiden reellwertigen Matrizen A (m × p) und B (p × n) multipliziert werden; das Resultat sei die m × n-Matrix C. Bekanntlich gilt

$$c_{ij} = \sum_{k=1}^{p} A_{ik} B_{kj} \qquad \text{für } i = 1, \ldots, m, j = 1, \ldots, n \tag{11.29}$$

Es kann daher direkt das Programm (11.17) verwendet werden:

```
var i: 1 . . m; j: 1 . . n; k: 1 . . p; s: real;
    A: array [1 . . m, 1 . . p] of real;
    B: array [1 . . p, 1 . . n] of real;
    C: array [1 . . m, 1 . . n] of real;
begin { Wertzuweisungen an A und B }
  for i := 1 to m do
    for j := 1 to n do
      begin s := 0;
        for k := 1 to p do s := s + A[i, k] *B [k, j];
        C[i, j] := s
      end
end.
```
(11.30)

Das Programm ist ein Beispiel für eine mehrfache Schachtelung repetierter Anweisungen. Da derartige Programme mit Sicherheit zu Prozessen mit großem Rechenaufwand führen, ist eine nähere Analyse dieses Aufwandes angebracht. Es ist leicht zu sehen, daß die Anweisung „**for** j . . . “ m-mal, diejenige beginnend mit „**for** k . . . “ m*n-mal, und die Wertzuweisung „s := s+ · · · “ m*n*p-mal ausgeführt wird. Unter der Annahme, daß n, m und p groß sind (>>1), überwiegt also der Aufwand für die Wertzuweisungen an s bei weitem. Daraus ist die allgemeine Lehre zu ziehen, daß bei Programmen mit mehrfachen Schachtelungen von repetierten Anweisungen stets die „innerste“ Anweisung derart ausgelegt sein soll, daß ihr Rechenaufwand möglichst klein wird. Der Aufwand für die Multiplikation steigt nach obigen Überlegungen mit der dritten Potenz von n , unter der vereinfachenden Annahme, daß m = n = p.

Übungen

1. Gegeben sei die Zahlenmatrix

$$A = \begin{pmatrix} 2 & 1 & 3 \\ 3 & 3 & 1 \\ 1 & 2 & 1 \end{pmatrix}$$

a) Man führe die Anweisung

```
for i := 1 to 3 do
for j := 1 to 3 do  C[i, j] : = A[A[i, j], A[j, i]]          (11.31)
```

aus. Welches sind die resultierenden Werte von C?

b) Spielt die Reihenfolge, in der die Werte von i und j kombiniert werden, eine Rolle?

c) Man ersetze in a) die Variable C durch A und führe das neue Programm aus. Welches sind die resultierenden Werte von A?

d) Aufgabe c) ist zu wiederholen, wobei jedoch die Reihenfolge der gewählten Index-Kombinationen (i, j)

(3,3), (3,2), . . . , (1,2), (1,1)

sei. Man vergleiche die erhaltenen Werte mit denen aus Aufgabe c).

2. Man verifiziere die folgende Version des binären Suchprogramms:

```
i := m; j := n;
repeat k := (i+j) div 2;
   if A[k] ≤ x then i := k+1;                                 (11.32)
   if A [k] ≥ x then j := k–1
until i > j
```

Es ist die Anzahl der notwendigen Vergleichsoperationen mit denjenigen des Programms (11.8) zu vergleichen und zu beachten, daß die Terminationsbedingung in (11.32) einfacher ist.

3. Eine komplexwertige Matrix sei dargestellt durch zwei reellwertige Matrizen: Z = X + iY. Man erstelle ein Programm, das X und Y als Produkt der beiden komplexwertigen Matrizen (A,B) und (C,D) berechnet:

$$X + iY = (A + iB) * (C + iD) \qquad (11.33)$$

Hinweis:

$$(A + iB)*(C + iD) = (AC - BD) + i(AD + BC) \qquad (11.34)$$

Berechne die drei Matrizen

$$R = A*D, \quad S = B*C, \quad T = (A+B)*(C-D)$$

und daraus

$$X = T + R - S \quad \text{und} \quad Y = R + S$$

Man berechne die Anzahl der notwendigen Additionen und Miltiplikationen, und vergleiche sie mit derjenigen bei direkter Verwendung der Formel (11.33).

4. Ein Polynom

$$P_n(x) = a_0x^n + a_1x^{n-1} + \cdots + a_{n-1}x + a_n \qquad (11.35)$$

sei dargestellt durch den Koeffizienten-Array a . Man erstelle ein Programm, das $P_n(x)$ für einen gegebenen Wert x auswertet.

H i n w e i s : Man verwende die Faktorisierung nach H o r n e r :

$$P_n(x) = (\cdots (a_0 x + a_1)*x + \cdots + a_{n-1})* x + a_n \qquad (11.36)$$

5. Man entwerfe ein Programm, das sowohl den größten als auch den kleinsten Wert einer Menge von n Zahlen ermittelt, die durch die Variable A dargestellt sind:

var A: **array** [1 . . n] **of** integer

H i n w e i s : Es ist möglich, diese Aufgabe derart zu programmieren, daß weniger als $\frac{3}{2}$ *n Vergleiche notwendig sind.

6. Gegeben sei eine Array-Variable

var M: **array** [1 . . n, 1 . . n] **of** integer

Man konstruiere ein Programm, das die natürlichen Zahlen 1, 2, 3, . . . , n^2 der Matrix M so zuweist, daß M ein m a g i s c h e s Q u a d r a t darstellt, d.h.

$$\sum_{k=1}^{n} M[i, k] = \sum_{k=1}^{n} M[k, j] = C \qquad i, j = 1 \ldots, n \qquad (11.37)$$

und

$$\sum_{k=1}^{n} M[k, k] = \sum_{k=1}^{n} M[k, n-k+1] = C \qquad (11.38)$$

wobei $C = \frac{n}{2} *(n^2+1)$. Die Größe n sei dabei stets ungerade.

H i n w e i s : Die Zahlen 1 . . . n^2 werden der Reihe nach den Komponenten M [i, j] zugewiesen, wobei, angefangen bei $M[\frac{n+1}{2}, n]$, während je n-1 Schritten i und j um 1 erhöht werden (modulo n), und jeweils im n-ten Schritt j um 1 verringert und i unverändert gelassen wird. Jeder Komponenten soll nur ein einziges Mal ein Wert zugewiesen werden.

7. Gegeben seien die zwei Matrizen X und Y mit je 2n Zeilen und Spalten. Man erstelle ein Programm zur Berechnung des Matrizenproduktes Z = X∗Y, wobei zur Ermittlung von skalaren Produkten folgende Beziehung verwendet werde (W i n o g r a d) :

$$\sum_{k=1}^{2n} x_k * y_k = \sum_{k=1}^{n} (x_{2k} + y_{2k-1}) * (x_{2k-1} + y_{2k}) - \qquad (11.39)$$

$$\underbrace{\sum_{k=1}^{n} x_{2k} * x_{2k-1}}_{\overline{x}} - \underbrace{\sum_{k=1}^{n} y_{2k} * y_{2k-1}}_{\overline{y}}$$

H i n w e i s : Die Aufgabe erfordert die Berechnung von $(2n)^3$ skalaren Produkten der Form

$$\sum_{k=1}^{2n} x_{ik} * y_{kj}$$

wozu lediglich je 2n Werte $\overline{x}$ und $\overline{y}$ benötigt werden.
Die übliche Methode der Matrizenmultiplikation erfordert je $(2n)^3$ Additionen und Multiplikationen. Man ermittle den Rechenaufwand der hier vorgezeichneten Methode in Abhängigkeit von n.

12. Unterprogramme – Prozeduren und Funktionen

12.1. Konzept und Terminologie

Es kommt sehr häufig vor, daß in einem Programm eine Folge von Anweisungen an mehreren Stellen in genau oder fast genau der gleichen Form auftritt. Um dem Programmierer in diesen Fällen Schreibarbeit zu ersparen, bieten Programmiersprachen das Konzept des Unterprogramms an: Der besagten Folge von Anweisungen wird ein Name zugeordnet, der an den verschiedenen Stellen als Abkürzung für die Anweisungsfolge eingesetzt werden kann. In Anlehnung an die Terminologie von ALGOL werden Unterprogramme Prozeduren genannt; falls sie einen Resultatwert darstellen und innerhalb von Ausdrücken einsetzbar sind, werden sie als Funktionen bezeichnet. Die Definition der Abkürzung heißt Prozedur- (oder Funktions-) Vereinbarung. Die Verwendung der Abkürzung heißt Prozedur-Anweisung oder Prozedur-Aufruf. Der Name einer Funktion kann als Operand in einem Ausdruck auftreten und wird als Funktions-Aufruf bezeichnet.
Die Schreibweise, die in den folgenden Kapiteln für Prozedur-Vereinbarungen und -Anweisungen verwendet wird, ist dem Beispiel 12.1 und den Syntax-Diagrammen im Anhang A zu entnehmen.

Beispiel 12.1. Prozedur-Vereinbarung und -Anweisung. Die Anweisungsfolge

t := r **mod** q; r := q; q := t (12.1)

werde abgekürzt durch eine Prozedur-Vereinbarung:

procedure P; (12.2)
begin t := r **mod** q; r := q; q := t **end**

Die Anweisungsfolge (12.1) kann damit überall ersetzt werden durch die Prozedur-Anweisung

P (12.3)

Die Prozedur-Vereinbarung besteht aus zwei Teilen, dem sogenannten Prozedur-Kopf und dem Prozedur-Körper. Im Prozedur-Kopf (erste Zeile in (12.2)) wird der Name (die Bezeichnung) der Prozedur (und eventuell weitere Größen) vereinbart; der Prozedur-Körper (zweite Zeile in (12.2)) enthält die abzukürzende Anweisungsfolge.

Es wäre nicht angemessen, aus dieser einfachen Konvention zur Abkürzung von Programmtexten viel Aufhebens zu machen, wenn nicht einige weitere wichtige Konzepte damit eng verbunden wären. In der Tat ist die Prozedur eines der wenigen und wichtigen fundamentalen Konzepte der Programmiertechnik, deren Beherrschung einen entscheidenden Einfluß auf den Stil und die Qualität der Arbeit eines Programmierers ausübt. Die Prozedur dient nämlich nicht nur zur Abkürzung von Schreibarbeit, sondern weit wesentlicher zur Gliederung, Unterteilung und Strukturierung eines Programms in logisch zusammenhängende Komponenten. Eine zweckmäßige Struktur ist ausschlaggebend für die Verständlichkeit eines Programms, vor allem wenn es kompliziert ist und der Text ein solches Ausmaß erreicht, daß das Programm nicht mehr mit einem einzigen Blick zu übersehen ist. Die zweckmäßige Gliederung in Unterprogramme ist für eine verständliche Dokumentation und die Verifizierbarkeit unerläßlich. Es ist daher oft angebracht, eine Anweisungsfolge als Prozedur zu formulieren, d.h. ihr einen Namen zu geben, selbst wenn sie nur an einem einzigen Ort auftritt und das Motiv der Abkürzung des Textes wegfällt. Dieses Herausheben eines Programmteils mag dazu dienen, einerseits Hinweise über die Variablen zu geben, die durch diesen Teil beeinflußt werden, andererseits Bedingungen klar hervorzuheben, die zur Erreichung eines gewünschten Zwischenresultates erfüllt sein müssen. Der Prozedur-Kopf ist ferner auch der geeignete Ort für verbale Kommentare über die Bedeutung und Auswirkung der gesamten Prozedur.

Es ist eine bekannte Tatsache, daß das sorgfältige Strukturieren eines Programms erst dann unerläßlich wird, wenn dieses eine gewisse Länge erreicht hat. Da im einführenden Programmierunterricht Übungsaufgaben notgedrungen auf kleinere Programme beschränkt bleiben, kommt damit die Rolle des Strukturierens entweder gar nicht zur Sprache oder bleibt anhand der Beispiele schlecht motiviert. Letzteres ist jedoch das kleinere Übel! Das Ziel der Ausbildung eines Programmierers ist die Fähigkeit, umfangreiche und komplexe Programme mit garantierter Zuverlässigkeit zu erstellen, denn die Verwendung großer Programm-Systeme zeichnet heute jede in nichttrivialer Weise eingesetzte Rechenanlage aus. Solche Programm-Systeme bestehen aus tausenden und zehntausenden von Instruktionen. Ihren Sinn zu überblicken, zu verstehen und zu verifizieren, wird nur möglich auf Grund einer sinnvollen Zerlegung in logisch zusammenhängende Abschnitte. Die Prozedur spielt somit in der Technik der Programmstrukturierung die zentrale Rolle.

Zwei weitere Grundkonzepte unterstreichen die Rolle der Prozedur im Hinblick auf die Programm-Strukturierung. Oft kommt es vor, daß gewisse Größen (vielfach Hilfsgrößen genannt) lediglich innerhalb einer gewissen Anweisungsfolge benutzt werden, jedoch außerhalb dieser Folge keine Bedeutung haben. Die Verständlichkeit eines Programms wird wesentlich erhöht, wenn diese lokale Begrenztheit der Bedeutsamkeit von Größen deutlich hervorgehoben wird. In jedem Fall soll der Gültigkeitsbereich von Bezeichnungen aus der Struktur des Programms klar hervorgehen. Die Prozedur stellt sich hier als zweckmäßiger Abschnitt im Text dar, der als *Gültigkeitsbereich für lokale Größen* definiert werden kann.

Häufig ist ferner der Fall, in dem eine Anweisungsfolge an verschiedenen Stellen zwar nicht in genau gleicher Form, jedoch in annähernd gleicher Form auftritt. Besondere Beachtung verdient der Fall, bei dem der Unterschied lediglich in der Verwendung verschiedener Operanden besteht und sich durch eine systematische Substitution von Bezeichnungen ausmerzen läßt. In diesem Fall kann von der abzukürzenden Anweisungsfolge gleichsam ein *Prozedur-Schema* abstrahiert werden. Die zu substituierenden Größen werden *Prozedur-Parameter* genannt.

12.2. Lokale Größen

Besitzt eine Größe – sei es eine Konstante, eine Variable, eine Prozedur, eine Funktion oder ein Typ – eine Bedeutung lediglich innerhalb eines gewissen Abschnittes des Programmes, so wird sie l o k a l genannt. Es ist dann oft zweckmäßig, diesem Abschnitt einen Namen zu geben und ihn als Prozedur zu formulieren. Die lokalen Größen sind dann im Kopf dieser Prozedur-Vereinbarung zu vereinbaren. Da Prozeduren selbst lokal sein können, ergibt sich daraus die Möglichkeit der Schachtelung von Prozedur-Vereinbarungen.

Beispiel 12.2. P r o z e d u r - V e r e i n b a r u n g m i t l o k a l e r V a r i a b l e n - V e r e i n b a r u n g

```
procedure P;
   var t : integer;                                        (12.4)
begin t := r mod q; r := q; q := t end
```

Im Prozedur-Körper sind daher zweierlei Arten von Größen bekannt: lokale Größen (t) und n i c h t - l o k a l e Größen. Die letzteren sind in der Umgebung (environment) der Prozedur vereinbart. Sind sie im Hauptprogramm definiert, so werden sie auch g l o b a l genannt. Der Gültigkeitsbereich von lokalen Größen ist der Text der Prozedur-Vereinbarung. Im Fall von lokalen Variablen bedeutet dies im speziellen, daß nach der Ausführung einer Prozedur der Speicherplatz für die Werte ihrer lokalen Variablen wieder frei verfügbar wird. Dies besagt dann aber, daß bei einem späteren Aufruf derselben Prozedur die Werte der Variablen genau so wenig definiert sind wie beim ersten Aufruf.

Es ist sehr wesentlich, daß Bezeichnungen für lokale Größen unabhängig von der Umgebung, in welcher die Prozedur vereinbart ist, gewählt werden dürfen. Dadurch kann jedoch die Situation eintreten, daß eine gewählte Bezeichnung x für eine lokale Größe der Prozedur P identisch mit derjenigen für eine Größe in der Umgebung von P ist. Diese Situation ist jedoch nur dann sinnvoll, wenn die nichtlokale Größe x für die Prozedur P keine Bedeutung besitzt, d.h. in P nicht zur Anwendung kommt. Daher soll die G r u n d r e g e l gelten, daß im Fall eines Konfliktes x innerhalb von P die lokale und außerhalb von P die nicht-lokale Größe bezeichne.

Beispiel 12.3. P r o z e d u r m i t „B e z e i c h n u n g s - K o n f l i k t" (d)

```
var a, b, d, e: integer;              { globale Variablen}
procedure Multiply;                   { globale Prozedur }
   var c, d: integer;                 { lokale Variablen }
begin { e := a * b, siehe (7.18)}                             (12.5)
   c := a; d := b; e := 0;
   while d ≠ 0 do
   begin if odd (d) then e := e+c;
      c := 2*c; d := d div 2
   end
end;
```

begin { Hauptprogramm } a := 5; b := 7; d := 10; Multiply
{a = 5, b = 7, d = 10, e = 35}
end.

Aufgrund der Einführung von Vereinbarungen im Prozedur-Kopf ergibt sich nun, daß das Hauptprogramm ebenfalls die Form einer Prozedur-Vereinbarung besitzt, wobei lediglich der Programm-Name fehlt. Es ist sogar sehr zweckmäßig, jedes Programm als Prozedur zu betrachten; seine Umgebung ist das Betriebs-System der Rechenanlage, in dem alle postulierten Standard-Größen fest vereinbart sind. Diese Betrachtungsweise erklärt auch, weshalb die Verwendung einer Bezeichnung einer Standardgröße für eine lokale Größe zu keinerlei Schwierigkeiten oder Mehrdeutigkeiten führt, solange die fragliche Standard-Größe im Programm selbst nicht verwendet wird. Als Folge davon braucht ein Programmierer nur Notiz von jenen Standard-Vereinbarungen zu nehmen, die er selbst verwendet.

12.3. Prozedur-Parameter

Soll eine bestimmte Anweisungsfolge an verschiedenen Stellen auf verschiedene Operanden angewandt werden, so werden diese Größen als Parameter vereinbart. Die im Prozedur-Kopf für diese Größen eingeführten Bezeichnungen heißen formelle Parameter; sie werden innerhalb des Prozedur-Körpers verwendet. Die vor jeder Ausführung anstelle der formellen Parameter zu substituierenden und daher in jeder Prozedur-Anweisung zu spezifizierenden Größen heißen aktuelle Parameter.

Die aktuellen Parameter werden in jedem Prozedur- oder Funktions-Aufruf spezifiziert; ihr Typ muß demjenigen des zugeordneten formellen Parameters entsprechen, wie er im Prozedur-Kopf vereinbart ist. Neben dem Typ wird dabei auch noch die Art der Substitution festgelegt. Man unterscheidet zwischen den folgenden drei Arten der Parameter-Substitution.

1. Der aktuelle Parameter wird ausgewertet, und der resultierende Wert wird dem entsprechenden formalen Parameter, der eine lokale Variable darstellt, zugeordnet. Diese Art wird Werte-Parameter (value parameter) genannt und wird in den meisten Fällen verwendet.

2. Der aktuelle Parameter ist eine Variable. Ist die Variable indiziert, so werden die Indexausdrücke ausgewertet. Die dadurch identifizierte Variable wird für den formalen Parameter substituiert. Diese Art wird Variablen-Parameter (reference parameter) genannt und muß dann verwendet werden, wenn der Parameter ein Resultat der Prozedur darstellt.

3. Der aktuelle Parameter wird wörtlich substituiert; es werden keinerlei Auswertungen ausgeführt. Diese Art wird Namen-Parameter (name parameter) genannt und selten verwendet.

Die Auswirkungen der drei Arten von Substitutionen werden an dem folgenden kleinen B e i s p i e l dargestellt. Dabei interessieren wir uns für den Effekt des Prozedur-Aufrufs p (a [i]) auf die Variable a.

Beispiel 12.4.

```
var i: integer;
   a: array [1 .. 2] of integer;
procedure P (x: integer);
   begin i := i+1; x := x+2                                    (12.6)
   end;
begin a [1] := 10; a [2] := 20; i := 1;
      p (a [i])
end.
```

1. W e r t e - P a r a m e t e r ; x ist eine Variable mit Anfangswert 10. Resultat: a = (10, 20).
2. V a r i a b l e n - P a r a m e t e r ; x ≡ a [1]. Die Anweisung x := x+2 heißt a [1] := a [1] + 2. Resultat: a = (12, 20).
3. N a m e n - P a r a m e t e r ; x ≡ a [i]. Die Anweisung x := x+2 heißt a [i] := a [i] + 2. Resultat: a = (10, 22).

Um die drei Fälle unterscheiden zu können, postulieren wir die folgenden N o t a - t i o n s r e g e l n .

1. Werte-Parameter werden am häufigsten verwendet, und die Wert-Substitution wird automatisch angewandt, wenn keine Art-Spezifikation explizit vorliegt.
2. Variablen-Substitution wird durch den Art-Spezifikator **var** angezeigt.
3. Wir verzichten auf eine Behandlung der Namen-Substitution, da äquivalente Methoden im folgenden Abschn. 12.4 behandelt werden.

Nach diesen Regeln läßt sich das Programm (12.5) nochmals neu formulieren, indem die Argumente x, y und das Resultat z als Parameter eingesetzt werden.

Beispiel 12.5. P r o z e d u r m i t P a r a m e t e r n

```
var a, b, c, d, e, f: integer;
procedure Multiply (x, y: integer; var z: integer);
   { x, y, z sind formelle Parameter }
   begin z := 0;                                               (12.7)
      while x ≠ 0 do
      begin if odd (x) then z := z+y;
         y := 2*y; x := x div 2
      end
   end;
begin {Hauptprogramm}
   a := 5; b := 7; d := 11; e := 13;
```

```
    Multiply (a, b, c); Multiply (d - b, e - a, f)
      {a = 5, b = 7, c = 35, d = 11, e = 13, f = 32}
  end.
```

Aus (12.7) ist ersichtlich, daß Werte-Parameter lokale Variablen darstellen, die, nachdem sie beim Prozedur-Aufruf Anfangswerte erhalten haben, keine weiteren Beziehungen mehr zu den aktuellen Parametern unterhalten. Daher können wir folgende Grundregeln über die Wahl der Substitutionsart aufstellen.

1. Wenn ein Parameter ein Argument – und nicht ein Resultat – einer Prozedur darstellt, so wird normalerweise die Werte-Substitution gewählt.

2. Stellt ein Parameter ein Resultat dar, so muß die Variablen-Substitution verwendet werden.

Daß Variablen-Parameter eine gefährliche Quelle subtiler Programmierfehler sind, sei hier zum Abschluß noch kurz angedeutet. Der Grund liegt darin, daß es jetzt möglich ist, daß ein und dieselbe Variable unter mehreren Bezeichnungen auftreten kann. Diese Tatsache ist besonders zu beachten im Fall von strukturierten Variablen. Das folgende kurze Programm soll die möglichen Folgen dieses Phänomens beleuchten.

Beispiel 12.6. Falsche Verwendung von Variablen-Parametern.

```
type matrix = array [1 .. 2, 1 .. 2] of integer;
procedure M (var x, y, z: matrix);                              (12.8)
begin z [1, 1] := x [1, 1] * y [1, 1] + x [1, 2] * y [2, 1];
      z [1, 2] := x [1, 1] * y [1, 2] + x [1, 2] * y [2, 2];
      z [2, 1] := x [2, 1] * y [1, 1] + x [2, 2] * y [2, 1];
      z [2, 2] := x [2, 1] * y [1, 2] + x [2, 2] * y [2, 2];
end
```

Es seien die Matrizen

$$A = \begin{pmatrix} 2 & 1 \\ -1 & 3 \end{pmatrix} \qquad B = \begin{pmatrix} 3 & -1 \\ 1 & 2 \end{pmatrix}$$

gegeben; dann liefern die Aufrufe M (A, B, C), M (A, B, A), und M (A, B, B) die folgenden Resultate mit den gleichen Argumenten A, B.

$$C = \begin{pmatrix} 7 & 0 \\ 0 & 7 \end{pmatrix} \qquad A = \begin{pmatrix} 7 & -5 \\ 0 & 6 \end{pmatrix} \qquad B = \begin{pmatrix} 7 & 0 \\ -4 & 6 \end{pmatrix}$$

Die Moral der kurzen Geschichte ist, daß jeder Variablen-Parameter stets disjunkt mit allen andern Parametern sein soll, d.h. er darf weder identisch mit einem andern noch ein Teil eines anderen Parameters sein. Im übrigen beachte man, daß (12.8) stets richtige Resultate liefert, wenn für x und y die Werte-Substitution gewählt wird.

12.4. Parametrische Prozeduren und Funktionen

Eine Prozedur oder Funktion F wird als Parameter einer Prozedur oder Funktion G eingesetzt, wenn F während der Auswertung von G berechnet werden soll, jedoch von Aufruf zu Aufruf von G eine andere Funktion (oder Prozedur) darstellen kann. Ein bekanntes Beispiel dafür ist die Berechnung eines Integrals G einer Funktion F. Der Algorithmus zur Integration wird dabei als Funktion G dargestellt mit F als Parameter.

Beispiel 12.7. Integration nach Simpson. Zur Berechnung des Integrals

$$s = \int_a^b f(x)\,dx \tag{12.9}$$

wird als Approximation die endliche Summe der „Stützstellenwerte"

$$s_k = \frac{h}{3}\big(f(a) + 4f(a+h) + 2f(a+2h) + 4f(a+3h) + \cdots + 2f(a+(n-2)h) + 4f(a+(n-1)h) + f(a+nh)\big) \tag{12.10}$$

verwendet, wobei $n = 2^k$ und $h = \frac{b-a}{n}$. n+1 ist die Anzahl der Stützstellen, und h ist der Abstand von zwei benachbarten Stützstellen. Die Approximation von s erfolgt durch die Reihe $s_1, s_2, s_3, \ldots$, die unter der Annahme einer exakten Arithmetik konvergiert.

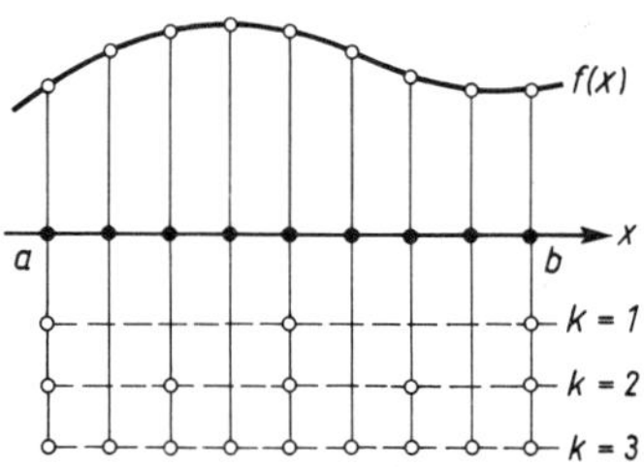

(12.11)

In jedem Schritt wird also die Anzahl der Stützstellen verdoppelt. Es geht nun darum, nicht in jedem Schritt die Summe s_k durch Auswertung der Funktion f an allen 2^k+1 Stützstellen zu berechnen, sondern die bereits im vorangehenden Schritt erhaltenen Stützstellenwerte ohne nochmalige Berechnung einzusetzen. Die Summe der 2^k+1 Stützstellenwerte s_k wird zu diesem Zweck zerlegt in die drei Terme

$$s_k = s_k^{(1)} + s_k^{(2)} + s_k^{(4)} \tag{12.12}$$

die die Summen der Stützstellenwerte mit Gewichten 1, 2 und 4 darstellen. Sie lassen sich durch die Rekursionsrelationen (12.13) berechnen.

$$s_k^{(1)} = \frac{1}{2} s_{k-1}^{(1)}$$

$$s_k^{(2)} = \frac{1}{2} s_{k-1}^{(2)} + \frac{1}{4} s_{k-1}^{(4)} \qquad (12.13)$$

$$s_k^{(4)} = \frac{4h}{3}(f(a+h) + f(a+3h) + \cdots + f(a + (n-1) h))$$

für $k > 1$ und

$$s_1^{(1)} = \frac{h}{3} (f(a) + f(b))$$

$$s_1^{(2)} = 0 \qquad (12.14)$$

$$s_1^{(4)} = \frac{4h}{3} f(a+h)$$

Aus diesen Beziehungen entsteht unter Verwendung des Programmschemas (9.21) das Programm (12.15), das die Integration als Funktion darstellt.

```
function Simpson (a, b: real; function f : real) : real;
   var i, n: integer;
      s, ss, sl, s2, s4, h: real;                              (12.15)
{f (x) ist eine reellwertige Funktion mit einem einzigen,
 reellwertigen Parameter, deren Wert im Intervall a ≤ x ≤ b
 wohldefiniert ist}
begin n := 2; h := (b-a) * 0.5;
   s1 := h * (f(a) + f(b)); s2 := 0;
   s4 := 4*h*f(a+h); s := s1 + s2 + s4;
   repeat ss := s; n := 2*n; h := h/2;
      s1 := 0.5*s1; s2 := 0.5*s2 + 0.25*s4;
      s4 := 0; i := 1;
      repeat s4 := s4 + f(a+i*h); i := i+2
      until i > n;
      s4 := 4*h*s4; s := s1 + s2 + s4
   until abs(s-ss) < ε * abs(s);
   Simpson := s/3
end
```

Die Funktion Simpson kann als Operand in einem arithmetischen Ausdruck verwendet werden; z.B.

u := Simpson (0, $\pi/2$, sin) (12.16)

bezeichnet die Zuweisung

$$u = \int_0^{\pi/2} \sin x \, dx$$

Als aktueller dritter Parameter darf jedoch lediglich die Bezeichnung einer Funktion auftreten, und nicht z.B. ein Ausdruck. So muß zur Berechnung von

$$u = \int_0^{\pi/2} \frac{dx}{(a^2\cos^2 x + b^2\sin^2 x)^{1/2}} \tag{12.17}$$

mittels der Funktion Simpson eine Funktion F explizit vereinbart werden:

```
function F (x: real): real;
begin F := 1/sqrt (sqr (a*cos (x) ) + sqr (b*sin (x) ) ) end        (12.18)
```

wonach (12.17) durch die Anweisung (12.19) formuliert werden kann:

```
u := Simpson (0, π/2, F)        (12.19)
```

Übungen

1. Man formuliere die Programme (7.18), (7.22), (9.17), (9.28), (10.18), (11.24) und (11.30) als Prozeduren oder Funktionen mit zweckmäßiger Wahl von Parametern.

2. Gegeben sei die folgende Funktions-Vereinbarung:

```
function f (x, y: real): real;
begin if x ≥ y then f := (x+y) /2 else        (12.20)
   f := f (f (x+2, y-1), f (x+1, y-2) )
end
```

Welches ist der Wert f (1, 10) ?
Wie läßt sich der Wert f (a, b) auf einfachere Weise darstellen und berechnen ?

3. Man führe die folgenden drei Programme aus und bestimme die Werte der aktuellen Parameter der WRITE-Anweisungen.

1.

```
    var a, b, c: integer;
    procedure P (x, y: integer; var z: integer);        (12.21)
    begin z := x+y+z; WRITE (x, y, z)
    end
begin a := 5; b := 8; c := 3;
      P (a, b, c); P (7, a+b+c, a); P (a*b, a div b, c)
end.
```

2.

```
var i, j, k: integer;
procedure P (var i: integer);
begin i := i+1; WRITE (i, j, k)        (12.22)
end;
procedure Q (h: integer; var j: integer):
   var i: integer;
   procedure R;
   begin i := i+1
   end ;
begin i := j;
   if h=0 then P (j) else if h =1 then P (i) else R;
   WRITE (i, j, k)
end;
```

```
begin i := 0; j := 1; k := 2; Q(0, k); Q(1, i); Q(2, j)
end.
```

3.
```
    procedure P ( procedure R; b: Boolean);
       var x: integer;                                        (12.23)
       procedure Q;
       begin x := x+1
       end;
    begin x := 0; if b then P(Q, false) else R;
          WRITE (x)
    end;
begin P (P, true)
end.
```

4. Das elliptische Integral (siehe (12.17)

$$I = \frac{2}{\pi} \int_0^{\pi/2} \frac{dx}{(a^2\cos^2 x + b^2\sin^2 x)^{1/2}} \tag{12.24}$$

läßt sich nach Gauß aus dem Grenzwert der konvergenten Folgen

$$s_0, s_1, s_2, \ldots \quad \text{und} \quad t_0, t_1, t_2, \ldots$$

berechnen, wobei die Glieder durch die Rekursionsrelationen

$$\left.\begin{aligned} s_i &= (s_{i-1} + t_{i-1})/2 \\ t_i &= \sqrt{s_{i-1} * t_{i-1}} \end{aligned}\right\} \quad i > 0 \tag{12.25}$$

und $s_0 = a$, $t_0 = b$ bestimmt sind und $\lim_{i \to \infty} s_i = 1/I$ (Methode des arithmetisch-geometrischen Mittels).

Man formuliere eine entsprechende Funktions-Vereinbarung.

5. Die Integrationsmethode nach Romberg nähert das Integral

$$\int_a^b f(x)\, dx \tag{12.26}$$

mit der unter „normalen" Umständen konvergenten Folge

$$t_{0,0}, t_{1,0}, t_{2,0}, \ldots \tag{12.27}$$

an, deren Glieder durch die Rekursionsrelation

$$t_{m,k} = \frac{1}{4^m - 1} (4^m * t_{m-1,k+1} - t_{m-1,k}) \tag{12.28}$$

für $m > 0$, und die Anfangsbedingung

$$t_{0,k} = \frac{b-a}{n} \left(\frac{1}{2} f_0 + f_1 + \cdots + f_{n-1} + \frac{1}{2} f_n\right) \tag{12.29}$$

definiert sind, wobei $n = 2^k$ und $f_i = f(a + i\frac{b-a}{n})$ sind.

Man erstelle eine Prozedur mit den Parametern a, b und f, die das Integral durch die Reihe (12.27) auf eine bestimmte relative Genauigkeit berechnet.

Hinweis: Das Programm soll die Funktion f an jeder Stützstelle nur ein einziges Mal berechnen. In jedem Schritt wird die Anzahl der Stützstellen verdoppelt; eine Array-Variable T werde derart eingesetzt, daß nach dem k-ten Schritt

$$T[i] = t_{k-i,\,i} \quad (i = 0, \ldots, k) \tag{12.30}$$

Die Iteration werde nach höchstens p Schritten abgebrochen, d.h. $k = 0, \ldots, p$.

6. Eine Nullstelle einer reellwertigen Funktion $f(x)$ sei definiert als ein Wert x_0, so daß

$$(f(x_0 - \epsilon) < 0) = (f(x_0 + \epsilon) > 0) \tag{12.31}$$

wenn ϵ beliebig klein gewählt wird. Es sei eine Funktion zu erstellen mit den Parametern a, b und f, die eine Nullstelle von f zwischen a und b ermittelt, wenn die Beziehung

$$(f(a) < 0) = (f(b) > 0) \tag{12.32}$$

garantiert ist.

H i n w e i s : Man verwende die Methode der wiederholten Halbierung des die Nullstelle enthaltenden Intervalls (siehe auch (11.32)).

Wieviele Auswertungen von f sind notwendig, wenn a, b, und ϵ gegeben sind ?

13. Transformationen von Zahlendarstellungen

Der abstrakte Begriff der Zahl ist unabhängig von einer Darstellung der Zahlen. Operationen mit Zahlen können abstrakt durch Axiomensysteme definiert werden; sollen sie jedoch an bestimmten Werten ausgeführt werden, so ist zur Erkennung des Resultates die Wahl irgendeiner Darstellung notwendig.

Der Sinn, Operationen an Zahlen durch Algorithmen ohne Bezugnahme auf ein bestimmtes Zahlensystem zu formulieren, liegt darin, daß derjenige, der nach den Algorithmen handeln soll (z.B. ein Computer-System), in der Wahl der Darstellung der Zahlen frei ist und damit die Wahl so treffen kann, wie es seinen Fähigkeiten am besten entspricht. Moderne Computer z.B. verwenden lediglich Darstellungen, die auf einem binären Alphabet basieren, d.h. einem Zeichensatz, bestehend aus nur zwei Elementen. Für den Menschen ist diese Darstellung ungeeignet, da er von Kindheit her an die dezimale Schreibweise gewöhnt wurde. Die Ein- und Ausgabegeräte von Rechenanlagen sind daher mit Zeichensätzen ausgerüstet, welche die dezimalen Ziffern enthalten. Bei der Ein- und Ausgabe von Zahlen wird der Computer angewiesen, die extern verwendete Darstellung in seine interne Form (oder umgekehrt) zu transformieren.

In den nachfolgenden Programmen wird Bezug genommen auf einen Zeichensatz „char“ (s. auch 8.3), der die Ziffern '0' . . . '9' enthält und den folgenden Forderungen entspricht:

$$\begin{aligned} &\mathrm{ord}('1') - \mathrm{ord}('0') = 1 \\ &\quad \cdots\cdots\cdots \\ &\mathrm{ord}('9') - \mathrm{ord}('0') = 9 \end{aligned} \tag{13.1}$$

Durch die Standard-Funktion ord ist bereits eine Transformation von Ziffern in numerische Werte definiert; aber eben nur von einzelnen Ziffern und nicht von Ziffernfolgen. Die folgenden Programme haben den Zweck, ganze Ziffernfolgen in Werte vom Typ „integer“ zu transformieren und umgekehrt.

Anstelle der Standard-Transferfunktionen ord und chr werden nachfolgend die Funktionen num und rep verwendet, die wie folgt definiert sein sollen:

function num (x: char): integer;
begin num := ord (x) - ord ('0') **end** (13.2.1)

function rep (x: integer): char;
begin $\{0 \leq x \leq 9\}$ rep := chr (x + ord ('0')) **end** (13.2.2)

Ferner wird eine Boolesche Funktion verwendet definiert durch

function digit (x: char) : Boolean; (13.2.3)
begin digit := ('0' $\leq$ x) $\wedge$ (x $\leq$ '9') **end**

13.1. Eingabe von positiven ganzen Zahlen in dezimaler Darstellung

Der Wert, dargestellt durch eine Folge von Ziffern im File f, sei zu ermitteln. Es kann angenommen werden, daß die Ziffernfolge, die den zu bestimmenden Wert beendet, durch ein Zeichen abgeschlossen wird, das keine Ziffer ist. (Das File endet also nicht mit einer Ziffer!) Der numerische Wert ist durch Formel (13.3) gegeben, wobei $\bar{f}_i$ den dargestellten Wert num (f_i) bezeichnet.

$$\begin{aligned} x = \mathrm{num}(f_0 \ldots f_{n-1}) &= 10^{n-1} * \bar{f}_0 + \cdots + 10^1 * \bar{f}_{n-2} + 10^0 * \bar{f}_{n-1} \\ &= (\cdots(\bar{f}_0 * 10 + \bar{f}_1) * 10 + \cdots + \bar{f}_{n-2}) * 10 + \bar{f}_{n-1} \end{aligned} \tag{13.3}$$

Wird nun das Transformations-Programm als eine repetierte Anweisung dargestellt, wobei bei jedem Schritt eine Ziffer gelesen wird, so ist der Zustand des File nach i Schritten

$$\underbrace{f_0 f_1 \cdots f_{i-1}}_{\overleftarrow{f}} \quad \underbrace{f_i \cdots f_n}_{\overrightarrow{f}} \tag{13.4}$$

und $f\uparrow = f_i$. Der Wert x entspreche der durch $\overleftarrow{f}$ dargestellten Zahl. Daraus ergibt sich direkt das Programm (13.5).

```
procedure read (var v: integer; f: text);
   var x: integer;
begin { ←f = f↑ = f0 }  x := 0;                    (13.5)
   repeat x := 10*x + num (f↑); get (f)
   until ¬digit (f↑);
   v := x
end
```

13.2. Ausgabe von positiven ganzen Zahlen in dezimaler Darstellung

Eine positive ganze Zahl x soll in eine Folge von Ziffern transformiert werden, die x in dezimaler Form darstellen. Die Ziffernfolge soll dem File f angefügt werden. Den Ausgangspunkt hierzu liefert wiederum die Beziehung (13.3). Insbesondere ist festzustellen, daß unter der Annahme $x = \text{num}(f_0 \dots f_{n-1})$ die Beziehungen

$$\begin{aligned} \text{num}(f_0 \dots f_{n-2}) &= x \ \textbf{div}\ 10 \\ \text{num}(f_{n-1}) &= x \ \textbf{mod}\ 10 \end{aligned} \qquad (13.6)$$

gelten.

Allerdings werden die Zeichen bei wiederholter Division von x durch 10 in der Reihenfolge $f_{n-1}, f_{n-2}, \dots, f_0$ erhalten und können daher nicht unmittelbar dem File zugewiesen werden. Der Einsatz eines Zwischenspeichers (Puffers) drängt sich daher auf (13.7).

```
procedure write (e: integer; var f: text);
   var x, u: integer; i: 0 . . n;
      a: array [1 . . n] of integer;
begin {0 ≤ e < 10^n} i := 0; x := e;                                (13.7)
   repeat { a1 * 10^0 + · · · + ai*10^(i-1) +*10^i = e }
      u := x div 10;
      i := i+1; a[i] := x - 10*u; x := u
   until x = 0;
   repeat f↑ := rep (a[i]); put (f); i := i-1
   until i = 0;
end
```

13.3. Ausgabe von gebrochenen Zahlen in dezimaler Darstellung

Es sei ein Wert x ($0 \leq x < 1$) in eine Folge von dezimalen Ziffern zu transformieren, so daß gilt:

$$\begin{aligned} x &= \text{num}(f_0 \dots f_k) = \bar{f}_0 * 10^{-1} + \bar{f}_1 * 10^{-2} + \dots + \bar{f}_{k-1} * 10^{-k} \\ &= \frac{1}{10}\left(\bar{f}_0 + \frac{1}{10}\left(\bar{f}_1 + \dots + \frac{1}{10}\left(\bar{f}_{k-1}\right)\dots\right)\right), \end{aligned} \qquad (13.8)$$

wobei wiederum $\bar{f}_i = \text{num}(f_i)$ den durch die Ziffer f_i dargestellten numerischen Wert bezeichnet. Wie im Programm (13.5) wird hier die gewünschte Ziffernfolge in der richtigen Reihenfolge erhalten (wodurch sich ein Zwischenspeicher erübrigt), wenn in jedem Schritt der vorhandene Rest (am Anfang x selbst) mit 10 multipliziert wird und danach der ganzzahlige Teil des Produktes als resultierende Ziffer und der Bruchteil als resultierender Rest betrachtet werden.

```
procedure writefraction (e: real; var f: text);
   var x: real; i, u: integer;
begin x := e; f↑ :='.'; put (f); i := 0;                        (13.9)
   repeat {num (.f0 . . . fi-1) + x*10^-i = e, 0 ≤ x < 1}
      x := 10*x; u := trunc (x); f↑ := rep (u); put (f);
      i := i+1; x := x-u
   until i = n
end
```

(Als Abbruchkriterium wird nicht x = 0, sondern die Anzahl n der auszugebenden Ziffern verwendet.)

13.4. Transformation von Gleitkomma-Darstellungen

Bereits in Abschnitt 8 wurde erwähnt, daß in Rechenanlagen für gebrochene Zahlen üblicherweise die sogenannte Gleitkomma-Darstellung verwendet wird. Dabei ist die Zahl x repräsentiert durch ein geordnetes Paar ganzer Zahlen $(m, e)_B$, so daß gilt

$$x = m * B^e, \quad 1/B \leqslant m < 1 \tag{13.10}$$

wobei B eine kleine natürliche Zahl ist und B a s i s der Gleitkomma-Darstellung genannt wird. Beispiele, aus denen die Bezeichnung „Gleitkomma" ersichtlich werden sollte, sind (mit Basis B = 10)

$$\begin{aligned}(.34567,\ 2) &= 34.567\\ (.34567,\ 4) &= 3456.7\\ (.34567,\ 0) &= .34567\\ (.34567,-2) &= .0034567\end{aligned}$$

Es ist zweckmäßig, für Darstellungen in Rechenanlagen als Basis B eine kleine Potenz von 2 , z.B. 2^k, zu wählen, denn in diesem Fall entspricht eine Erhöhung oder Verkleinerung des Exponenten e um den Betrag 1 einer Multiplikation bzw. Division von m , die durch eine Verschiebung der Größe m (Mantisse) um k Binärstellen nach links bzw. rechts realisierbar ist.

Da es wiederum üblich ist, auf Dokumenten außerhalb von Rechenanlagen eine Basis B = 10 zu verwenden, stellt sich bei der Ein- und Ausgabe von reellen Zahlen zusätzlich zur Radixtransformation noch das Problem der Basistransformation:

$$(m, e)_B \quad \leftrightarrow \quad (m', e')_{10} \tag{13.11}$$

Die nachfolgenden Programme sind für den Fall B = 2 spezifiziert und leicht für beliebige B umzuformen. Die Variable b stellt den binären Exponenten (Basis 2) und d den dezimalen Exponenten (Basis 10) dar. Die einfachste Methode für die gewünschte Transformation

$$(m, b)_2 \quad \rightarrow \quad (m', d)_{10} \tag{13.12}$$

besteht darin, m mit 2^b zu multiplizieren und danach zu normalisieren, d.h. so oft durch 10 zu dividieren (oder mit 10 zu multiplizieren), bis die Bedingung $0.1 \leqslant m' < 1$

erreicht ist. Die Anzahl der Divisionen (bzw. Multiplikationen) ergibt dann den Exponenten d (bzw. -d). Um die Aufgabe interessant zu gestalten (und sie der Praxis näherzubringen), sei die zusätzliche Forderung gestellt, daß m während der Transformation stets innerhalb der Grenzwerte 0.1 und 1 liege. Die Multiplikationen mit 2 und die Divisionen durch 10 müssen also a b w e c h s e l n . Das resultierende Programm ist aus (13.13) ersichtlich, wobei aus offensichtlichen Gründen zwischen den Fällen $b \geqslant 0$ und $b < 0$ unterschieden wird.

```
procedure convert (var b, d: integer; m: real);
begin d := 0;                                                    (13.13)
  if b ⩾ 0 then
    while b ≠ 0 do
    begin { x = m * 2^b * 10^d,  0.1 ⩽ m < 1 }
      m := 2*m; b := b-1;
      if m ⩾ 1 then begin m := m/10; d:= d+1 end
    end
  else repeat { x = m * 2^b * 10^d, 0.1 ⩽ m < 1 }
      m := m/2; b := b+1;
      if m < 0.1  then begin m := 10*m; d := d-1  end
    until b = 0
end
```

In Anbetracht der endlichen Genauigkeit von Rechenanlagen hat dieser Algorithmus jedoch den Nachteil, daß bei großen Exponentenwerten durch die hohe Anzahl der notwendigen Multiplikationen und Divisionen Rundungsfehler ins Gewicht fallen, die sich akkumulieren und nicht mehr übersehen werden dürfen. Zudem wird der Rechenaufwand untragbar groß, was besonders gravierend ist, da die Operation der Ein- und Ausgabe von Zahlenwerten überaus häufig auftritt. Eine Möglichkeit, die Anzahl der Operationen drastisch zu reduzieren, besteht darin, den Wert des Multiplikators 2^b in der Form von Wertepaaren $(u, v)_b$ einer stets verfügbaren Tabelle zu entnehmen.

$$u[b] * 10^{v[b]} = 2^b, \quad 0{,}1 \leqslant u[b] < 1 \tag{13.14}$$

b	u [b]	v [b]
-2	0.25	0
-1	0.5	0
0	0.1	1
1	0.2	1
2	0.4	1
3	0.8	1
4	0.16	2
.	.	.

Das auf Grund einer solchen Tabelle arbeitende Programm lautet dann:

```
m := m * u[b] ; d := v[b] ;                                    (13.15)
if m ⩽ 0.1 then begin m := 10*m; d := d-1 end
```

Die Einsparung von Rechenaufwand auf Kosten von Speicherplatz (für die Tabelle) und umgekehrt ist ein häufig angewandtes Prinzip der Anpassung von Algorithmen an gewisse Gegebenheiten; die Wahl der Lösung wird in jedem Fall davon abhängen, ob entweder Rechenzeit oder Speicherplatz rarer oder kostspieliger ist. Es ist leicht einzusehen, daß in diesem Beispiel der für die Tabelle benötigte Speicherplatz untragbar groß wird, wenn der zu verarbeitende Exponentenbereich groß ist. Übliche Wertebereiche für b sind $|b| \leqslant 2^9$; in diesem Fall besteht die Tabelle aus 2^{10} Eintragungen. Es drängt sich offensichtlich die Suche nach einer Kompromißlösung auf, die darin besteht, daß wohl eine Tabelle mit vorberechneten Werten eingeführt wird, daß jedoch nur gewisse Werte tabelliert sind, aus denen sich die übrigen Werte relativ leicht berechnen lassen. Eine solche Kompromißlösung stellt das Programm (13.17) dar, das eine Tabelle verwendet, deren Elemente durch (13.16) festgelegt sind.

$$u[b] * 10^{v[b]} = 2^{(2^b)}, \quad 0.1 \leqslant u[b] < 1 \tag{13.16}$$

Es ist zu beachten, daß dieses Programm auf demselben Prinzip beruht wie dasjenige zur Berechnung eines Produktes in Abschnitt 7 (7.18). Das Programm sei dargestellt für die Behandlung von positiven Exponenten b .

```
procedure convert (var b, d: integer; m: real);
   var i:  integer;
begin { x = m * 2^b , b ⩾ 0}  i := 0;  d := 0;
   while b > 0 do                                              (13.17)
   begin { m * 10^d * 2^(b*2^i) = x }
      if odd (b) then begin m := m * u[i]  ;  d := d + v[i];
                                    Normalise
                      end ;
      b := b div 2;  i := i+1
   end
end
```

Übungen

1. Man formuliere zwei Prozeduren, von denen die eine

a) eine (positive oder negative) Zahl in dezimaler Darstellung (mit ganzem Teil, Dezimalpunkt und gebrochenem Teil) vom File input liest, transformiert und der reellwertigen (parametrischen) Variablen v zuweist (s. (13.3));

b) die andere den Wert des reellen Parameters x als Folge von dezimalen Ziffern mit Dezimalpunkt auf dem File output darstellt (s. (13.7) und (13.9)) .

2. Man formuliere eine Konversions-Prozedur analog zu (13.13), die die Gleitkommabasis-Transformation

$$(m, d)_{10} \rightarrow (m', b)_2$$

ausführt.

3. Man formuliere eine Konversions-Prozedur analog zu (13.17), die sowohl positive als auch negative Werte des Exponenten b annimmt.

4. Man konstruiere ein Programm, das die Werte 1/n für n = 2, 3, 4, . . . , 50 exakt berechnet und als Ziffernfolge dem File output anfügt.

a) Jede Ziffernfolge soll dann abgebrochen werden, wenn die erste Periode des Dezimalbruches vollständig dargestellt ist.

b) Zusätzlich soll zur Abgrenzung der Ziffern der Periode vor deren erster Ziffer ein Leerzeichen eingefügt werden.

Das File output stelle den folgenden Text dar:

```
.5 0
.3
.25 0
.2 0
.1 6
.142857
...........
.02 0
```

Es soll zuerst eine Prozedur entworfen werden, die nur Punkt a) berücksichtigt. Ferner sollen keine reellwertigen Größen verwendet werden.

14. Textverarbeitung mit Array- und File-Strukturen

In diesem Abschnitt sollen einige wenig zusammenhängende Probleme behandelt werden, deren sichtbarer gemeinsamer Nenner lediglich darin besteht, daß Strukturen von Schriftzeichen inspiziert und transformiert werden. Die Beispiele sind jedoch typisch für viele verwandte Probleme und sollen als Übungen für die Anwendung der in den vorangegangenen Abschnitten eingeführten Konzepte dienen.

14.1. Begrenzung der Zeilenlänge in einem Text-File

Ein Text-File f bestehe aus Worten, die entweder durch Leerzeichen (Zwischenräume) oder Zeilenenden getrennt sind. Jede Unterfolge von Zeichen zwischen zwei Trennzeichen wird ein *Wort* genannt. Die Anzahl ihrer Zeichen wird als *Wortlänge* w bezeichnet. Die Anzahl der Zeichen in einer Zeile heißt *Zeilenlänge* L.

Es soll ein Programm entwickelt werden, welches das File f liest und ein File g generiert, das aus derselben Reihenfolge von denselben Worten wie f besteht, dessen Zeilenlängen jedoch stets höchstens einen bestimmten Grenzwert Lmax erreichen. Die totale Anzahl von Zeichen in f und g sei dieselbe, und für alle Worte gelte $w \leqslant wmax < Lmax$. Ferner besteht f aus mindestens einem Wort, und damit auch aus mindestens einer Zeile.

Aus dieser Aufgabenstellung geht hervor, daß g eine Kopie von f darstellen soll, wobei lediglich gewisse Leerzeichen durch Zeilentrennzeichen ersetzt werden und umgekehrt. Es ist leicht zu sehen, daß das Kopieren nicht ohne Zwischenspeicherung von gewissen Zeichen erfolgen kann, denn die Forderung, daß Worte nicht getrennt werden dürfen, läßt das Kopieren eines Wortes erst zu, wenn bekannt ist, daß es in der gegenwärtigen Zeile von g noch Platz findet, d.h. wenn seine Länge bekannt ist. Sobald es also vollständig gelesen wurde, kann bestimmt werden, ob ihm in g ein Leerzeichen oder ein Zeilenende vorangehen soll, wonach das Wort selbst dem File g angefügt werden kann. Der minimale notwendige Zwischenspeicher muß also ein Wort, und damit wmax Zeichen aufnehmen können.

Da das File f offenbar aus einer Folge von Worten und Trennzeichen besteht, empfiehlt sich die Konzeption des Programmes als repetierte Anweisung A. Diese enthält Anweisungen zum Lesen je eines Wortes und des n a c h f o l g e n d e n Trennzeichens sowie Anweisungen zur Ausgabe desselben Wortes und des ihm v o r a n g e h e n d e n Trennzeichens.

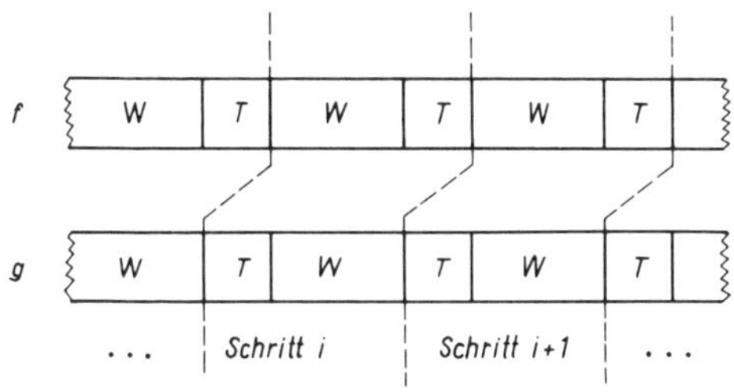

(14.1)

Der allgemeine Fall, bei dem nach einem Wort mehrere Trennzeichen folgen, wird am einfachsten dadurch auf das Schema (14.1) reduziert, daß auch Worte der Länge 0 als zulässig behandelt werden. Jedem Trennzeichen, das einem anderen Trennzeichen unmittelbar folgt, geht in diesem Sinne ein leeres Wort voran. Damit ist die strikte alternierende Folge von Worten und Trennzeichen eingehalten.

Die Anweisung A als Kern des Programmes entsteht durch Anwendung des Schemas (10.10). Als Hilfsmittel sollen vorerst zwei verbal definierte Prozeduren eingeführt werden:

1. „readword" liest ein Wort in den Zwischenspeicher Z. Beim Aufruf soll der Variablen ch das zuletzt gelesene Zeichen zugewiesen sein. Nach der Ausführung von

„readword“ ist ch gleich dem zuletzt gelesenen Zeichen, das dem Wort folgt, und w ist gleich der Länge des gelesenen Wortes.

2. „writeword“ fügt das im Zwischenspeicher Z enthaltene Wort dem File g an.

Ferner stelle L die Länge der momentan generierten Zeile von g dar. Bei jeder Ausgabe eines Zeichens muß daher L um 1 erhöht werden. Wenn (zur Vereinfachung des Programmtextes) anstelle von f und g die beiden Standard-Files input und output eingesetzt werden, dann lautet die resultierende Anweisung A vorerst:

```
begin read (ch); readword;
   if L+w < Lmax then
      begin write (' '); L := L+1
      end else
      begin writeln; L := 0
      end;
   writeword
end
```

(14.2)

Bevor die beiden Hilfsprozeduren detailliert spezifiziert werden, soll auf die Probleme am Anfang und am Ende der File-Verarbeitung eingegangen werden. Aus (14.3) ist ersichtlich, daß sowohl am Anfang wie am Schluß einige Anweisungen eingeführt werden müssen, die der Anweisung A nicht genau entsprechen und daher nicht in die Iteration einbezogen werden können.

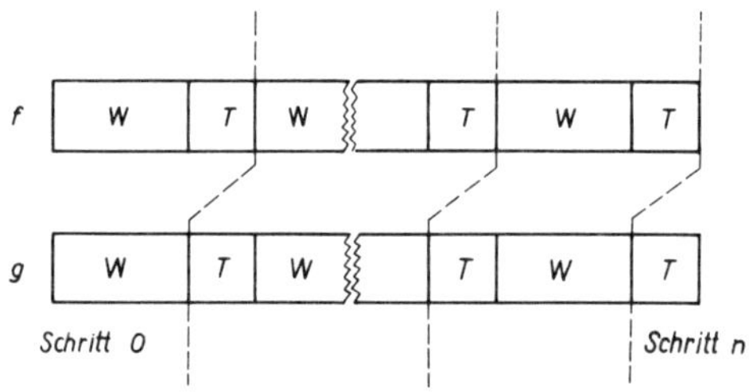

(14.3)

Im Schritt 0 wird ein Trennzeichen mehr gelesen als ausgegeben, am Schluß wird eines ausgegeben, aber keines gelesen. (14.4) stellt das resultierende Programm hierfür dar. Man vergewissere sich, daß die beiden Hilfsprozeduren auch leere Worte korrekt verarbeiten.

```
var w: 0 . . wmax; { Wortlänge }
    L : 0 . . Lmax; { Zeilenlänge }
   ch : char;       { zuletzt gelesenes Zeichen }
    Z : array [1 . . wmax] of char; { Zwischenspeicher }
procedure readword;
begin w := 0;
```

(14.4)

```
        while ch ≠ ' ' do
        begin w := w+1;  Z[w]  := ch; read (ch)
        end
    end;
    procedure writeword;
        var i : 1 .. wmax;
    begin for i := 1  to w do write (Z[i]); L := L+w
    end;
begin L := 0; read (ch); readword; writeword;
    while ¬ eof (input) do
    begin read (ch); readword;
        if L+w < Lmax then
            begin write (' '); L := L+1
            end else
            begin writeln; L := 0
            end;
        writeword
    end;
    writeln
end.
```

Aus diesem Beispiel sollen vor allem folgende Lehren gezogen werden:

1. Ist eine Folge von gleichen Datenmustern (im File f) in eine entsprechende Folge von Datenmustern (im File g) zu transformieren, so empfiehlt es sich vorerst den allgemeinen Transformationsschritt zu formulieren. Die daraus resultierende Anweisung wird in eine while- oder repeat-Anweisung eingekleidet. Die Randbedingungen am Anfang und Ende des Files und dessen Verarbeitung werden danach durch separate Anweisungen ausgedrückt.

2. Zur Formulierung von logischen Einheiten von Operationen werden zweckmäßig Prozeduren eingeführt, deren detaillierte Spezifikation zu einem späteren Zeitpunkt vorgenommen wird. Die Festlegung von Datenstrukturen, die nur innerhalb dieser Prozeduren bekannt sind, kann damit ebenfalls hinausgeschoben werden, nämlich auf einen Zeitpunkt, zu dem genauere Anhaltspunkte für die Wahl einer Strukturart vorliegen.

14.2. Editieren einer Textzeile

Das Problem sei das folgende: Gegeben seien eine Textzeile z dargestellt durch die Schriftzeichen

$$z = z_1 z_2 \ldots z_n \qquad (n > 0)$$

ein Substituend x dargestellt durch

$$x = x_1 x_2 \ldots x_k \qquad (k > 0) \tag{14.5}$$

und ein Substitut y dargestellt als

$$y = y_1 y_2 \ldots y_m \qquad (m \geqslant 0)$$

Der Substituend x soll in der Zeile z durch den Substituten y ersetzt werden. Einer Booleschen Variablen q soll der Wert „x ist in z enthalten" zugewiesen werden; im „Normalfall" wird dieser Wert true sein. Es soll aber auch zugelassen werden, daß x mehrmals in z auftritt. Um diese Situation eindeutig zu definieren, werde angenommen, daß eine Zeilenposition p spezifiziert sei. Der Substituend x werde in z von dieser Position her nach rechts gesucht und, sobald gefunden, ersetzt. Die Zeilenposition p gebe danach den Index des dem Substituten folgenden Zeichens an. Wird x zwischen der Position p und dem Zeilenende nicht gefunden, so soll z zwischen dem Zeilenanfang und p weiter abgesucht werden (zirkulares Suchen).

Beispiele: x = AB , y = UVW

z vor und nach der Substitution:

```
EFABGH        EFUVWGH
↑                  ↑

EFABCDABCD    EFABCDUVWCD
    ↑                  ↑

EFABCDABCD    EFUVWCDABCD
       ↑           ↑
```

Diese Art der Textsubstitution wird z.B. oft bei Textverarbeitungssystemen von Rechenanlagen verwendet, die von Terminals aus bedient werden können und die deshalb Programme und Daten des Benützers intern als Textfiles speichern.

Das gestellte Problem läßt sich vorerst in zwei offensichtlich getrennte Schritte zerlegen:

1. das Auffinden des Substituenden x in der Zeile z , so daß z = axb
2. das Einsetzen des Substituten y, so daß z = ayb

Schritt 1: Es soll ein Index i ermittelt werden, so daß

$$x_j = z_{i+j-1} \quad \text{für alle } j = 1, \ldots, k \tag{14.6}$$

Das Programm, das der Variablen q den Wert „x ist gefunden, und i ist der gesuchte Index" zuweist, lautet:

$$\begin{array}{l} i := p; \\ \textbf{repeat } \{Q(i)\} \\ \quad q := x = (z_i \ldots z_{i+k-1}); \\ \quad i := i+1; \textbf{ if } i > n \textbf{ then } i := 1 \\ \textbf{until } q \vee (i{=}p) \end{array} \tag{14.7}$$

$$Q(i): \quad (x_1 \ldots x_k) \neq (z_j \ldots z_{j+k-1})$$

$$\text{für alle } j = \begin{cases} p \ldots i\text{-}1, \text{ wenn } i \geqslant p \\ p \ldots n \text{ und } 1 \ldots i\text{-}1, \text{ wenn } i < p \end{cases}$$

Die Operation des Vergleichs zweier Zeichenfolgen wird nun weiter zerlegt in eine Folge von Vergleichen einzelner Zeichen:

$$\begin{array}{l} j := 1; \\ \textbf{repeat } \{P(j)\} \\ \quad q := (x[j] = z[i{+}j{-}1]);\ j := j{+}1 \\ \textbf{until } \neg q \vee (j > k) \\ P(j) \ : \ Q(i) \wedge (x_h = z_{i+h-1}) \text{ für alle } h = 1 \ldots j\text{-}1 \end{array} \tag{14.8}$$

Diese Version ist jedoch noch unvollständig, denn falls

$$\begin{array}{l} x_h = z_{i+h-1} \quad \text{für alle } h = 1 \ldots h' \\ i{+}h'{-}1 = n, \text{ und } h' < k \end{array} \tag{14.9}$$

so werden als nächste Zeichen x_{h+1} und z_{n+1} verglichen; z_{n+1} ist jedoch nicht definiert und nicht existent. Es wird hierbei auch klar, daß die Problemstellung keinen Hinweis enthält, ob in diesem Fall der Vergleich mit negativem Resultat abgebrochen oder am Anfang der Zeile (zirkular) weitergeführt werden soll.

Es sei hier die erste Alternative gewählt:

$$\begin{array}{l} j := 1; \\ \textbf{repeat if } i{+}j > n \textbf{ then } q := \text{false } \textbf{else} \\ \qquad q := x[j] = z[i+j-1];\ j := j{+}1 \\ \textbf{until } \neg q \vee (j > k) \end{array} \tag{14.10}$$

Oft wird zur Vereinfachung dieser Anweisung eine Lösung verwendet, die die explizite Prüfung des Zeilenendes überflüssig macht. Sie besteht darin, das Zeilenende durch ein Zeichen zu m a r k i e r e n , das im Substituenden selbst nicht vorkommen darf (z.B. z_{n+1} = eol) . Unter diesen Umständen kann anstelle von (14.10) das Programm (14.8) verwendet werden.

S c h r i t t 2 : Anstelle von $z_i \ldots z_{i+k-1}$ sollen jetzt die Zeichen $y_1 \ldots y_m$ eingesetzt werden. Die Zeichenfolge z = a x b kann zu diesem Zweck zuerst zu z' = a b gekürzt werden, indem die Zeichenfolge b um k Stellen nach links verschoben wird; danach kann sie auf die gewünschte Form z'' = a y b gebracht werden, indem b um m Stellen nach rechts verschoben und y in den entstandenen Zwischenraum eingesetzt wird. Diese Prozedur kann jedoch vereinfacht werden, indem b lediglich einmal verschoben wird; dabei muß allerdings zwischen den zwei folgenden Fällen unterschieden werden:

1. $m < k$ Der Substitut ist kürzer als der Substituend;
   b wird um k-m Stellen nach links verschoben.
2. $m > k$ Der Substitut ist länger als der Substituend;
   b wird um m-k Stellen nach rechts verschoben.

Das gesamte Programm, bestehend aus den beiden Such- und Substitutionsschritten, ist nachstehend in (14.11) wiedergegeben.

```
procedure Substitute;
   var i, j: integer;  q : Boolean; d: integer;
begin { Schritt 1:  Suche  x  in Zeile  z }                    (14.11)
   i := p;
   repeat  j := 1;
      repeat  q := (x[j]  =  z[i + j -1]);  j := j+1
      until ¬ q v (j > k);
      i := i+1;  if i > n then i := 1
   until q v (i = p);
   if q then {Schritt 2: substituiere y für x}
   begin { x1 . . . xk = zi . . . zi+k-1 }
      d := m - k; p := i;
      if d < 0 then
      begin  j := p + k;
         while j ≤ n do
         begin z[j+d] :=  z[j] ;  j :=  j+1
         end
      end else
      if d > 0 then
      begin  j :=  n;
         while j ≥ p+k do
         begin z[j+d]  :=  z[j];  j :=  j-1
         end
      end ;
      n :=  n + d;  j := 1;
      while j ≤ m do
      begin z[p] := y[j] ;  p  := p+1;  j := j+1
      end
   end { if q }
end
```

14.3. Erkennen von regulären Zeichenmustern

Ein häufig anzutreffendes Problem beim Erstellen von Programmen, die einen Text interpretieren oder in einer bestimmten Weise übersetzen sollen, ist das Erkennen von Zeichenmustern in einem Text-File. Unter einem M u s t e r soll hier allgemein eine Folge von Zeichen verstanden werden, die nach gewissen Aufbauregeln zusammengesetzt ist. Die Komplexität eines Algorithmus, der prüfen soll, ob eine gegebene Zeichenfolge bestimmten Regeln genügt, hängt offensichtlich von der Komplexität dieser Regeln ab. Derartige Aufbau- oder Strukturregeln werden allgemein eine S y n t a x genannt; das Erkennungsproblem ist dasjenige der s y n t a k t i s c h e n A n a l y s e .

Nachfolgend wird eine Klasse von Regeln, d.h. ein Regelschema, eingeführt, das Zeichenmuster erzeugt, die durch einen überaus einfachen Algorithmus erkannt werden können und die sich gleichzeitig durch eine gewisse Regelmäßigkeit und Einfachheit ihrer Struktur auszeichnen. Die Regeln heißen daher auch r e g u l ä r e A u s d r ü k - k e und die Mengen der durch sie erzeugten Zeichenfolgen heißen r e g u l ä r e S p r a c h e n . Es werde vorerst folgende Notation eingeführt:

1. Kleine Buchstaben bezeichnen Zeichen des Grundalphabetes V.
2. Große Buchstaben bezeichnen reguläre Ausdrücke bzw. die Mengen der durch sie definierten Zeichenfolgen.
3. Griechische Kleinbuchstaben bezeichnen Zeichenfolgen über dem Grundalphabet V. λ sei die leere Zeichenfolge.
4. Die Menge der Zeichenfolgen, die durch Aneinanderreihen einer Folge aus A und einer Folge aus B entsteht, wird als Produkt AB bezeichnet.

$$AB = \{\alpha\beta \mid \alpha \in A \text{ und } \beta \in B\} \tag{14.12}$$

5. Die Vereinigung der beiden Mengen A und B wird mit A|B bezeichnet.

$$A|B = \{\gamma \mid \gamma \in A \text{ oder } \gamma \in B\} \tag{14.13}$$

6. Die Menge der Zeichenfolgen, die aus einer beliebigen Anzahl von Aneinanderreihungen von Elementen von A entsteht, wird mit A* bezeichnet.

$$A^* = \{\lambda\} \cup A \cup AA \cup AAA \cup AAAA \cup \ldots$$

Das Schema, nach dem reguläre Ausdrücke erzeugt werden,lautet:

1. Jedes Zeichen a des Grundalphabets (Vokabulars) ist ein regulärer Ausdruck.
2. Jedes Produkt zweier regulärer Ausdrücke AB ist ein regulärer Ausdruck.
3. Jede Vereinigung zweier regulärer Ausdrücke A | B ist ein regulärer Ausdruck.
4. Ist A ein regulärer Ausdruck, so ist auch A* ein regulärer Ausdruck.
5. Nur nach den Regeln 1. bis 4. entstandene Ausdrücke sind regulär.

B e i s p i e l e von regulären Ausdrücken über dem Grundalphabet V = { a b c d e f } und die entsprechenden Mengen von Zeichenfolgen sind:

1.	a	{a}	
2.	ab | bc	{ab, bc}	
3.	ab*c	{ac, abc, abbc, abbbc, ...}	(14.14)
4.	a (bc)* (de)*f	{af, abcf, adef, abcdef, abcbcf, adedef, ...}	
5.	a (b | c) * d	{ad, abd, acd, abbd, abcd, acbd, accd, ...}	

Das ursprüngliche Problem der Zeichenmustererkennung läßt sich jetzt folgendermaßen formulieren:

Eine Menge von Zeichenfolgen sei durch den regulären Ausdruck A beschrieben. Man konstruiere einen Erkennungs-Algorithmus $\mathscr{P}(A)$, der für eine beliebige Zeichenfolge α über dem Grundalphabet V ($\alpha \in V^*$) bestimmt, ob sie zur Menge A gehört ($\alpha \in A$?).

Die Idee, die Struktur des zugrundeliegenden Ausdrucks als Grundlage für die Struktur des zu formulierenden Erkennungs-Algorithmus zu verwenden, ist naheliegend. Eine systematische Methode dieser Strukturübertragung muß logischerweise auf Übertragungsregeln der Strukturelemente der regulären Ausdrücke aufbauen. Um diese Grundregeln anschaulich zu machen, ist vorerst die graphische Darstellung der Elemente des Algorithmus geeignet. In den folgenden Graphen bedeutet das Durchlaufen eines Pfades, daß dabei das angeschriebene Zeichen in der zu erkennenden Zeichenfolge gelesen (und „abgestrichen") werden soll:

Ausdruck	entsprechender Graph
a	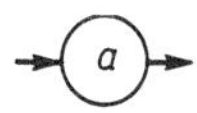
A	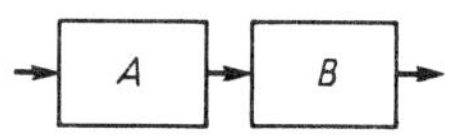
A/B	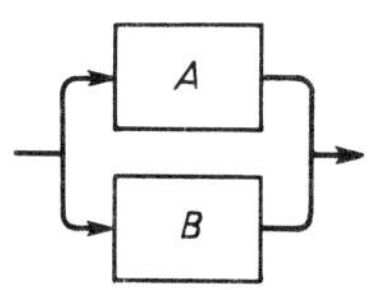
*A**	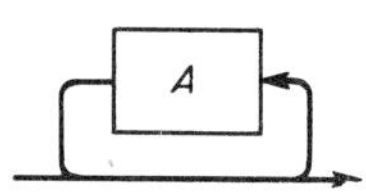

(14.15)

Hierbei bezeichnet sinngemäß 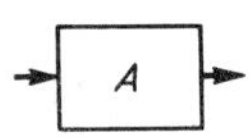 den Erkennungsgraphen, der dem Ausdruck A entspricht.

Ein zweckmäßiger Erkennungs-Algorithmus zeichnet sich vor allem dadurch aus, daß die Entscheidung, ob die bisher gelesene Zeichenfolge akzeptabel ist, stets eindeutig auf Grund einer möglichst kleinen Anzahl der zuletzt gelesenen Zeichen getroffen werden kann. Anders ausgedrückt heißt dies, daß in den Diagrammen die Wahl eines Pfades auf der Basis von möglichst wenigen vorliegenden Zeichen erfolgen soll. Die bemerkenswerte Eigenschaft von regulären Sprachen ist es nun, daß es stets möglich ist, einen Erkennungs-Algorithmus (d.h. einen Erkennungs-Graphen) anzugeben, der alle Entscheidungen unwiderrufbar trifft, indem nur das nächste vorliegende Zeichen betrachtet wird. Die Richtigkeit dieser Aussage ist intuitiv aus den folgenden einfachen Überlegungen ersichtlich:

Eine kritische Situation tritt stets dann auf, wenn sich Pfade trennen und eine Entscheidung getroffen werden muß. Um obige Forderung zu erfüllen, muß also der Graph derart ausgelegt sein, daß bei einer Verzweigung alle möglichen Pfade mit verschiedenen Zeichen beginnen. Ein regulärer Ausdruck, und damit auch der entsprechende Graph, kann stets in einen äquivalenten Ausdruck (Graphen) verwandelt werden, der dieser Forderung genügt. Dies wird durch Anwendung der folgenden Beziehungen und Transformationsregeln ermöglicht:

1. $aA \mid aB = a(A \mid B)$ (14.16)
2. $(aA)^*aB = aB \mid aA(aA)^*B = a(\lambda \mid A(aA)^*a)B = a(Aa)^*B$ (14.17)
3. $(aA)^*(aB \mid C) = (aA)^*aB \mid (aA)^*C = a(Aa)^*B \mid (aA)^*C$ (14.18)

B e i s p i e l :

$$(abc \mid abd)(efgf)^*ef = a(bc \mid bd)(efgf)^*ef = ab(c \mid d)(efgf)^*ef$$
$$= ab(c \mid d)e(fgfe)^*f = ab(c \mid d)ef(gfef)^* \quad (14.19)$$

Nachdem ein Erkennungsgraph bzw. der entsprechende Ausdruck auf die gewünschte, sogenannte d e t e r m i n i s t i s c h e Form gebracht wurde, läßt er sich direkt in ein Programm überführen. Den nachfolgenden Übertragungsregeln, die einen deterministischen Ausdruck in ein Erkennungsprogramm überführen, liegen die folgenden drei K o n v e n t i o n e n zugrunde:

1. Das gesamte Erkennungsprogramm lautet

var ch: char; {ch = zuletzt gelesenes Zeichen}
begin read (ch); $\mathscr{P}$ (X) (14.20)
end.

wobei die zu erkennende Zeichenfolge als File input vorliegt, und $\mathscr{P}$ (X) das Programmschema darstellt, das aus den Übertragungsregeln hervorgeht.

2. Die Anweisung next ist definiert als Abkürzung für read (ch).

3. Die Anweisung test (x) prüft, ob ch = x. (Ist ch ≠ x, so gehört die Zeichenfolge nicht zur bezeichneten Menge oder Sprache. Die Anweisung kann z.B. in diesem Fall den Abbruch des Erkennungsprozesses bewirken).

Übertragungsregeln sind die folgenden:

1. $\mathscr{P}(a)$ = test (a); next (14.21)
2. $\mathscr{P}(AB) = \mathscr{P}(A); \mathscr{P}(B)$ (14.22)

3. $\mathscr{P}$ (aA|B) = **if** ch = a **then begin** next; $\mathscr{P}$(A) **end**
else $\mathscr{P}$(B) (14.23)

4. $\mathscr{P}$((aA)*) =
while ch = a **do** (14.24)
begin next; $\mathscr{P}$ (A)
end

Eine Ausnahme von dieser Regel ist dann zu machen, wenn dem Ausdruck A* keine weiteren Ausdrücke folgen. Dann gilt

$\mathscr{P}$(A*) = **while** ¬ eof (input) **do** $\mathscr{P}$ (A). (14.24.1)

Ferner hilft zur Vereinfachung des entstehenden Programms oft die weitere Regel:

5. $\mathscr{P}$ (aA (bA)*) =
test (a); **repeat** next; $\mathscr{P}$ (A) **until** ch ≠ b (14.25)

Beispiele

1. $\mathscr{P}$(aa*b) =
test (a); next;
while ch = a **do** next; (14.26)
test (b); next

(Man beachte, daß das vollständige Erkennungs-Programm durch Einsetzen dieser Anweisungsfolge in Schema (14.20) entsteht).

2. $\mathscr{P}$ (a (bc | bd)* e) = $\mathscr{P}$ (a (b (c | d))* e) =
test (a); next;
while ch = b **do** (14.27)
begin read (ch); **if** ch = c **then** next **else**
begin test (d); next
end
end;
test (e); next

3. $\mathscr{P}$ (eab (cb)*(dab (cb)*)*e) =
test (e);
repeat next ; test (a); (14.28)
repeat next;
test (b); next
until ch ≠ c
until ch ≠ d;
test (e); next

H i n w e i s : Der Ausdruck hat die Form eA (dA)*, wobei A = aB (cB)* und B = b, wodurch sich die Übertragungsregel 5 zweimal anwenden läßt.

Die Anweisung test (x) hat keine sichtbaren Auswirkungen, wenn ch = x . Andernfalls bedeutet dieser Umstand, daß die durch das File input dargestellte Zeichenfolge nicht der durch den regulären Ausdruck definierten Menge angehört und daß der Erkennungsprozeß ohne Lesen der folgenden Zeichen mit negativem Resultat abgebrochen werden kann. Diese Situation, in der ein Prozeß an einem Punkt anlangt, wo seine Fortsetzung nicht sinnvoll ist und nicht nach den vorgelegten Pfaden erfolgen kann, wird zweckmäßig durch eine sogenannte S p r u n g a n w e i s u n g ausgedrückt. In diesem Sinn kann die Prozedur test z.B. wie in (14.29) vereinbart werden.

procedure test (x: char);
  begin if ch $\neq$ x **then goto** 13 (14.29)
  end

wobei „**goto** M" die Sprunganweisung darstellt und M eine sogenannte M a r k e (label) ist, die die Anweisung A im Programm markiert, die das Ziel des Sprunges ist. Diese Markierung von A werde ausgedrückt durch einen Doppelpunkt:

13: A (14.30)

Das Problem der Muster-Erkennung ist allerdings praktisch kaum isoliert anzutreffen und wurde hier lediglich als Vorbereitung für das allgemeinere und wichtigere Gebiet der M u s t e r - V e r a r b e i t u n g angeführt. Ist die Menge der zu verarbeitenden Zeichenfolgen regulär, dann kann sie als regulärer Ausdruck spezifiziert werden, dessen Struktur dazu dient, auch das Muster der Verarbeitungsschritte wiederzugeben. Dazu wird die folgende Definition eingeführt:

Definition: Ist A ein regulärer Ausdruck, dann ist AΩ ein (regulärer) V e r a r - b e i t u n g s a u s d r u c k , wobei Ω den Verarbeitungsschritt darstellt, der auszuführen ist, sobald eine Zeichenfolge $\alpha \in$ A erkannt wurde.

Die entsprechende Übertragungsregel für Verarbeitungsausdrücke in Programmteile lautet sinngemäß

$$\mathcal{P}(\mathrm{A}\ \Omega) = \mathcal{P}(\mathrm{A}); \Omega \tag{14.31}$$

Ein häufig anzutreffender Spezialfall der Verarbeitung ist die Ü b e r s e t z u n g einer regulären Zeichenfolge. Bezeichnet in diesem Fall Ω die auszugebende Zeichenfolge, dann lautet die Übertragungsregel

$$\mathcal{P}(\mathrm{A}\ \Omega) = \mathcal{P}(\mathrm{A}); \mathrm{write}\ (\Omega) \tag{14.32}$$

Aus der Theorie der regulären Ausdrücke und der Übertragungs-Automaten folgt der immerhin bemerkenswerte Satz, daß die derart entstehende Zeichenfolge stets wiederum einer regulären Menge angehört.

Eine Anwendung gibt das folgende Beispiel einer einfachen Verarbeitung.

Beispiel. Einlesen einer binär dargestellten ganzen Zahl.

$$\mathrm{A} = (0 \mid 1)(0 \mid 1)^*. \tag{14.33}$$

Der entsprechende Übersetzungsausdruck lautet

$$\mathrm{A}' = (0\ \Omega_0 \mid 1\ \Omega_1)(0\ \Omega_2 \mid 1\ \Omega_3)^*.$$

wobei

$$\begin{aligned} \Omega_0 &= \ n := 0 \\ \Omega_1 &= \ n := 1 \\ \Omega_2 &= \ n := 2*n \\ \Omega_3 &= \ n := 2*n + 1 \ , \end{aligned} \tag{14.34}$$

wenn die Variable n den durch die Folge von binären Ziffern dargestellten Wert bezeichnet.

Das resultierende Verarbeitungs-Programm lautet dann

```
𝒫 (A') =
if ch  = '0' then n : =  0 else
   begin test ('1') ; n : = 1                                   (14.35)
   end ;
next;
while (ch = '0')  v  (ch = '1') do
   begin if ch = '0' then n : = 2*n else n : = 2*n + 1;
         next
   end ;
```

Die Verarbeitung regulärer (oft auch „linear" genannter) Sprachen bildet die Grundlage für Übersetzer von Programmiersprachen. Obwohl übliche Programmiersprachen nicht reguläre Mengen von Zeichenfolgen sind, können sie oft durch Systeme definiert werden, die aus einigen wenigen Erweiterungen der Aufbauregeln von regulären Ausdrücken hervorgehen. Der hier behandelte Satz von Programmierschemen und Regeln zur Übertragung von Ausdrücken in Programmteile mit bestimmten Strukturen ist ein typisches Beispiel dafür, wie komplexe Verarbeitungssysteme systematisch aus einigen wenigen Typen von Bauelementen zusammengestellt werden können. Damit ist eine der wichtigen Techniken zur Konstruktion von übersichtlichen und verifizierbaren Programm-Systemen dargestellt.

Übungen

1. Man bestimme, ob die beiden folgenden Programme das in Abschnitt 14.1 gestellte Problem des Kopierens eines Text-Files mit Beschränkung der Zeilenlänge korrekt lösen.

a)

```
var i, L, w:  integer; ch:  char;
   Z: array [1 . . wmax] of char;
begin  L : = 0;
   repeat  w : = 0;  read (ch);
      while ch ≠ ' ' do
         begin w : = w+1;  Z[w] : = ch; read (ch)
         end ;
```

```
        if w > 0 then
          begin if L + w < Lmax  then
            begin write (' '); L : = L + 1
            end else
            begin writeln; L := 0
            end ;
          for i : = 1 to w do write (Z[i]);  L : = L+w
        end
      until eof (input)
    end.
```

b)

```
    var i, L, w:  integer;  ch: char;
      Z: array [1 . . wmax] of char;
    begin L : = Lmax;  read (ch);
      repeat if ch = ' ' then read (ch) else
        begin w : = 0;
          repeat w : = w + 1;  Z [w] : = ch;  read (ch)
          until ch = ' ';
          if L + w < Lmax then
            begin  write (' ')  ;  L : = L+1
            end else
            begin writeln; L := 0
            end ;
          for i : = 1 to w do write (Z [i]); L : = L+w
        end
      until eof (input);
      writeln
    end.
```

2. In einer gedruckten Zeile der Länge L sollen bestimmte Zeichen markiert werden, indem in der nachfolgenden Zeile an den betreffenden Stellen '↑'-Zeichen positioniert werden. Diese Stellen sind gegeben durch die Werte

$$p_1, p_2, p_3, \ldots, p_n \quad n \geqslant 0, \quad 1 \leqslant p_i \leqslant L$$

Es gelte ferner

$$p_i \leqslant p_j \quad \text{für alle} \quad i < j\,.$$

B e i s p i e l : p = (6, 11, 18, 27, 31)

```
Zeile 1:  Dieser Proplem isd ein Kintersbiel.
Zeile 2:       ↑    ↑      ↑        ↑   ↑
```

Man untersuche die folgenden fünf Lösungsvorschläge. Welche sind korrekt ? Welches sind die Bedingungen, unter denen die inkorrekten versagen ?

a)

```
    k : = 1 ;
    for i : = 1 to L do
    begin if i = p [k] then
      begin write ('↑'); k : = k+1
      end
      else write (' ')
    end
```

b)
```
k := 1; p[n+1] := 0;
for i := 1 to L do
begin if i = p[k] then
   begin write ('↑');
      repeat k := k+1 until i ≠ p [k]
   end
   else write (' ')
end
```

c)
```
i := 1 ;
for k := 1 to n do
begin repeat write (' '); i := i + 1
      until i = p[k];
      write ('↑'); i := i+1
end
```

d)
```
i := 1;  k := 1 ;
repeat
   while i < p [k] do
      begin write (' '); i := i+1
      end ;
   if i = p[k] then
      begin write ('↑') ; i := i+1
      end ;
   k := k + 1
until k > n
```

e)
```
i := 1 ; k := 1 ;
while k ≤ n do
begin while i < p [ k ] do
   begin write (' '); i := i + 1
   end ;
   while p[k] = i do k := k + 1;
   write ('↑')
end
```

3. Man konstruiere ein Programm, das die Anzahl der verschiedenen Zeichen in einem Text-File zählt. Das Resultat sei dargestellt durch eine Variable N, vereinbart als

var N : **array** [char] **of** integer

so daß N[c] die Anzahl der Zeichen c im File darstellt. Die Variable D gebe ferner an, wieviele Komponenten von N nicht gleich 0 sind.

4. Gegeben seien zwei Array-Variablen A und B von sogenannten Worten; jedes Wort A_i und B_i sei als Array von Zeichen dargestellt, so daß für i = 1 . . . M

$$A_{i1} \dots A_{i,m_i} \quad \text{und} \quad B_{i1} \dots B_{i,n_i} \quad (m_i, n_i < N)$$

Buchstaben sind, und

$$A_{i,n_i+1} \dots A_{i,N} \quad \text{und} \quad B_{i,n_i+1} \dots B_{i,N}$$

Leerzeichen sind. Ferner sei ein Text-File input gegeben, bestehend aus einer Folge von Buchstabenfolgen (Worten), getrennt durch Leer- und Zeilenendzeichen.

Man konstruiere ein Programm, das das Text-File input liest und ein File output generiert, indem es alle Worte, die mit einem A_i identisch sind, durch das entsprechende Wort B_i ersetzt.

Hinweis: Der verwendete Zwischenspeicher darf höchstens N Zeichen enthalten. Man verwende eine Prozedur „Transmitword", die das zuletzt gelesene und gepufferte Wort $Z_1 \ldots Z_k$ mit allen A_i vergleicht und dem File output entweder B_i oder Z zufügt. Bei der Übernahme der folgenden Prozedur ist Vorsicht geboten!

```
procedure Transmitword;
var i : 0 . . M; j: 0 . . N;  f: Boolean;
begin i : = 0;{Z[k + 1] = ' ',  0 < k < N}
   repeat i : = i + 1;  j : = 0;
      repeat j : = j + 1;  f : = Z [j] ≠ A [i, j]
      until f v (j = k)
   until ¬f  v (i = M);
   if f then Emit (Z)  else Emit (B[i])
end
```

5. Gegeben sei ein Array S von sogenannten Schlüsselwörtern. $S_{i1} \cdots S_{i,n_i}$ seien Buchstaben, $S_{i,n_i+1} \cdots S_N$ seien Leerzeichen ($1 \leqslant n_i < N$, $1 \leqslant i \leqslant M$). Wie in Übung 4 ist ein Text-File input gegeben, mit Worten getrennt durch Leer- und Zeilenendzeichen. Jede Zeile enthalte höchstens L Zeichen.

Es sei ein Programm zu erstellen, das ein File output generiert, das aus dem File input durch zyklisches Rotieren der Zeilen entsteht, und zwar so, daß das Schlüsselwort an die feste Zeichenposition k zu liegen kommt. Enthält eine Zeile kein Schlüsselwort, so erscheint sie nicht im File output, enthält sie mehrere Schlüsselwörter, so erscheint sie mehrmals, und zwar um verschiedene Beträge rotiert.

Als Puffer sei eine Array-Variable mit L Zeichenkomponenten zu verwenden.

6. Man entwickle ein Programm nach den Übertragungsregeln (14.21) bis (14.25) für die Auswertung von arithmetischen Ausdrücken in der Art eines Tischrechners. Das Grundalphabet sei

$$V = \{ d + - * / = \}$$

Die Struktur des als File input vorliegenden Textes sei definiert durch den regulären Ausdruck

$$(d^+ ((+ | - | * | /) d^+)^* =)^+$$

wobei d an der Stelle einer beliebigen dezimalen Ziffer steht und die Bezeichnung B^+ gleichbedeutend mit BB^* ist. Unter Auswertung wird die Berechnung und die Ausgabe des Wertes des Ausdrucks verstanden, wobei das Gleichheitszeichen das Ende eines Ausdrucks signalisiert.

Die Form des obigen regulären Ausdrucks besagt, daß alle arithmetischen Operatoren mit gleichem Rang behandelt werden (Auswertung strikt von links nach rechts). Man erstelle ein zweites Programm, das dieselben Ausdrücke auswertet, jedoch den Operatoren * und / einen Vorrang einräumt. Der entsprechende reguläre Ausdruck lautet zweckmäßigerweise

$$(d^+ ((* | /) d^+)^* ((+ | -) \ d^+ ((* | /) d^+)^*)^* =)^+$$

Mit den zwei Programmen sind die beiden regulären Verarbeitungs-Ausdrücke anzugeben, aus denen die Programme hervorgegangen sind.

15. Schrittweise Programmentwicklung

Aus den bisherigen Ausführungen, und besonders aus den Beispielen des vorigen Kapitels geht klar hervor, daß das Programmieren im Sinne des Konstruierens und Formulierens von Algorithmen im allgemeinen ein komplizierter Vorgang ist, da hierbei auf unzählige Bedingungen und Umstände geachtet werden muß. Ferner ist auch klar, daß sich als Lösung nur in den seltensten Fällen ein einziges Programm anbietet. Meistens gibt es sogar derart viele Lösungsmöglichkeiten, daß die Wahl eines „optimalen" Programms nicht nur eine gründliche Analyse der in Frage kommenden Algorithmen und des zu benutzenden Computers, sondern auch eine Untersuchung der häufigsten Art der Verwendung des Programmes bedingt. Wäre das Programmieren ein strikt deterministischer Prozeß, der nach festen Regeln abläuft, so wäre es bereits seit langem automatisiert worden.

Wie in Ingenieurdisziplinen stellt sich das Konstruieren eines Produktes – hier eines Algorithmus – als eine Folge von Gedankengängen und Konstruktionsentscheidungen dar. Am Anfang gilt die Aufmerksamkeit der globalen Aufgabenstellung und dem ersten Entwurf einer Lösung ohne Rücksicht auf Einzelheiten; im weiteren Verlauf wird mehr und mehr auf Details geachtet, um dann schließlich die Lösung immer mehr auf die zur Verfügung stehenden Mittel auszurichten. An der Programmierung ist hingegen – und dies im Unterschied zu Gebieten des Ingenieurwesens – der Umstand besonders faszinierend, daß die behandelten Objekte abstrakter Natur und ohne materiellen Aufwand verfügbar sind und daß ferner die spezifizierten Prozesse genau und frei von physikalischen Nebeneffekten der Alterung einer Maschine ablaufen.

Die allgemeingültigste Strategie der Programmierung ist wohl das Prinzip, einen Prozeß in einzelne Handlungen, und damit das Programm in einzelne Anweisungen, zu zerlegen. Bei jedem dieser Z e r l e g u n g s s c h r i t t e muß überlegt und sichergestellt werden, daß

1. die Lösung der Teilaufgaben die Lösung der Gesamtaufgabe beinhaltet,
2. die festgelegte Folge der Teilhandlungen sinnvoll ist und
3. die gewählte Zerlegung Anweisungen ergibt, die dem verfügbaren Werkzeug (Programmsprache) angemessen sind, d.h. daß diese Anweisungen eine Annäherung an das durch die Zielsprache gegebene Vokabular von Befehlen darstellen.

Gerade diese letzte Forderung macht ein geradliniges Vorstoßen von der Aufgabenstellung durch schrittweises Zerlegen des Problems in Teilaufgaben bis zur endgültigen Lösung in den allermeisten Fällen unmöglich. Nach jeder Zerlegung folgt die Aufgabe der Formulierung der Teilprogramme, wobei sich durchaus herausstellen kann, daß die Zerlegung unglücklich gewählt war, da sich die Teilprogramme nicht zweckmäßig ausdrücken lassen. Der letzte (oder sogar vorletzte!) Schritt muß dann rückgängig gemacht werden.

Betrachtet man das Vorgehen der schrittweisen Zerlegung der Aufgaben und der gleichzeitigen Entwicklung und Verfeinerung des Programmes als einen Prozeß der

Vertiefung in immer feinere Aspekte, so kann dieser Prozeß als ein Vordringen von oben nach unten (top–down) bezeichnet werden. Umgekehrt läßt sich aber auch eine Methode postulieren, bei der der Programmierer von dem verfügbaren Werkzeug, seiner Programmsprache oder sogar seinem Computer-Befehlssatz ausgehend einfache Anweisungen formuliert, dann aus diesen Anweisungen einfache Unterprogramme und danach immer umfangreichere Unterprogramme aufbaut, bis schließlich das Programm zur Lösung der gesamten Aufgabe als Ganzes vorliegt. Dieses Vorgehen aus den „Tiefen" der Codierung wird allgemein als Entwicklung von unten nach oben (bottom–up) bezeichnet. In der Praxis läßt sich, wie bereits angedeutet, die Entwicklung eines Programms kaum als ein strikter „top–down"- oder „bottom–up"-Prozeß durchführen. Immerhin darf aber festgestellt werden, daß bei der Neukonzeption eines Algorithmus die „top–down"-Methode dominant ist, während bei der Adaptation eines bestehenden Programms an eine (leicht) veränderte Zielsetzung eher die „bottom–up"-Richtung überwiegt.

Sowohl durch die schrittweise Zerlegung einer Aufgabe in Teilaufgaben als auch durch die schrittweise Zusammensetzung eines Programmes aus Komponenten ergibt sich letztlich ein gegliedertes Gebäude. Es ist enorm wichtig, daß eine Zielsprache diese Gliederung deutlich zum Ausdruck kommen läßt. Nur dann wird das Endprodukt eine sinnvolle Formulierung des Lösungsprozesses, der sowohl eine Verifizierung erlaubt als auch einen Einblick in die Geschichte seiner Entstehung gestattet. Eine unstrukturierte Formulierung hingegen, wie sie als Extremfall durch eine Menge von binären Ziffern eines im Computerspeicher dargestellten Programms vorliegt, stellt nur noch ein Endprodukt ohne jene Information dar, die allein den menschlichen Verstand befähigen kann,ein Programm als sinnvoll zu erkennen.

Wird eine Aufgabe in Teilaufgaben aufgeteilt, dann ist sehr oft die Einführung von neuen Variablen unumgänglich, die die Resultate und Argumente der entsprechenden Teilprogramme darstellen und somit die Kommunikation zwischen den Teilprogrammen herstellen. Solche Variablen sollen als zu jenem Entwicklungsschritt und zu jenen Unterprogrammen zugehörig aufgefaßt und ausgedrückt werden, die ihre Einführung erfordern. Ferner verlangt die detailliertere Spezifikation eines Prozesses oft auch die detailliertere Beschreibung der Struktur der behandelten Daten. Die verwendete Zielsprache sollte daher ebenfalls gestatten, Daten als hierarchische Strukturen darzustellen. Daraus wird ersichtlich, welche Rolle die Konzepte der Lokalität von Variablen (vgl. Abschnitt 12.2) und der Strukturprinzipien von Datentypen (vgl. Abschnitte 10 und 11) spielen.

Die folgenden vier Abschnitte sollen diese eher abstrakten Ausführungen veranschaulichen. Sie sind zwar – vielleicht mit Ausnahme des ersten – kaum als der praktischen Datenverarbeitung gewidmete Probleme zu bezeichnen; sie wurden dennoch ausgewählt, da sie trotz ihrer verhältnismäßigen Kürze gestatten, die erwähnten Methoden der systematischen Programmentwicklung in den wesentlichen Zügen sinnvoll zu demonstrieren.

15.1. Lösung eines linearen Gleichungssystems

Hier handelt es sich darum, ein Programm zu entwickeln, das die unbekannten Größen $x_1 \ldots x_n$ des Systems von n linearen Gleichungen

$$\sum_{j=1}^{n} a_{ij}*x_j = b_i \qquad i=1,\ldots,n \tag{15.1}$$

berechnet, wenn die Werte a_{ij} und b_i gegeben sind. Die Gleichungen (15.2) stellen ein Beispiel mit n=3 dar:

$$\begin{aligned} x_1 + 2*x_2 + 5*x_3 &= 4 \\ 3*x_1 + x_2 + 4*x_3 &= 11 \\ -2*x_1 + 5*x_2 + 9*x_3 &= -7 \end{aligned} \tag{15.2}$$

Als Lösungsmethode werde hier die der schrittweisen Elimination der Unbekannten nach G a u ß verwendet. Sie sei wie folgt beschrieben: Im ersten Schritt wird der ersten Gleichung die Unbekannte x_1 entnommen und dargestellt als

$$x_1 = (b_1 - \sum_{j=2}^{n} a_{1j}*x_j) / a_{11} \tag{15.3}$$

Sodann wird durch Einsetzen von x_1 in den übrigen n-1 Gleichungen ein System von n-1 Gleichungen mit den n-1 Unbekannten $x_2, \ldots, x_n$ erhalten. Dieser Vorgang, genannt E l i m i n a t i o n s - S c h r i t t , wird danach auf das neue System angewandt und solange wiederholt, bis zuletzt ein degeneriertes System von einer einzigen Gleichung mit einer einzigen Unbekannten übrigbleibt, die nun leicht lösbar ist.

Der allgemeine k-te Eliminations-Schritt sei jetzt genauer beschrieben: Gegeben ist ein System von n-k+1 Gleichungen

$$\sum_{j=k}^{n} a_{ij}^{(k)} * x_j = b_i^{(k)} \qquad i = k,\ldots,n \tag{15.4}$$

Daraus werden Koeffizienten $a_{ij}^{(k+1)}$ und $b_i^{(k+1)}$ berechnet, so daß

$$\sum_{j=k+1}^{n} a_{ij}^{(k+1)} * x_j = b_i^{(k+1)} \qquad i = k+1,\ldots,n \tag{15.5}$$

Die Koeffizienten $a_{ij}^{(k+1)}$ und $b_i^{(k+1)}$ werden aus linearen Kombinationen der k-ten und der i-ten Zeilen von $a^{(k)}$ und $b^{(k)}$ berechnet, und zwar aus den Beziehungen

$$\begin{aligned} a_{ij}^{(k+1)} &= a_{ij}^{(k)} - (a_{kj}^{(k)}/a_{kk}^{(k)}) * a_{ik}^{(k)} \\ b_i^{(k+1)} &= b_i^{(k)} - (b_k^{(k)}/a_{kk}^{(k)}) * a_{ik}^{(k)} \end{aligned} \tag{15.6}$$

für i, j = k+1, . . . , n. Daraus ergibt sich nämlich für den Index j = k

$$a_{ik}^{(k+1)} = a_{ik}^{(k)} - (a_{kk}^{(k)} / a_{kk}^{(k)}) * a_{ik}^{(k)} = 0 \qquad (15.7)$$

für alle i, was bedeutet, daß die Koeffizienten der Unbekannten x_k alle Null werden (sie brauchen daher auch nicht berechnet zu werden) und damit x_k bedeutungslos wird und ausscheidet.

Nach n-1 Eliminations-Schritten entsteht also das Gleichungs-„System"

$$a_{nn}^{(n)} * x_n = b_n^{(n)} \quad , \qquad (15.8)$$

woraus sich x_n sofort berechnen läßt. Die übrigen Unbekannten werden sodann ermittelt, indem die bisher berechneten x_j in ausgewählten Gleichungen des ursprünglichen Systems eingesetzt werden. So wird zum Beispiel x_{n-1} erhalten durch Einsetzen von x_n in der Gleichung

$$a_{n-1,\,n-1}^{(n-1)} * x_{n-1} + a_{n-1,\,n}^{(n-1)} * x_n = b_{n-1}^{(n-1)} \qquad (15.9)$$

Dieser Schritt wird R ü c k s u b s t i t u t i o n s - S c h r i t t genannt. Im allgemeinen k-ten Rücksubstitutions-Schritt wird die Unbekannte x_k ermittelt zu

$$x_k = (b_i^{(k)} - \sum_{j=k+1}^{n} a_{ij}^{(k)} * x_j) / a_{ik}^{(k)} \qquad (15.10)$$

für ein beliebiges i zwischen k und n. (Aus später ersichtlichen Gründen wird meistens i = k gewählt.) Man beachte jedoch, daß die Reihenfolge der Rücksubstitutions-Schritte durch die Bedingung vorgeschrieben ist, daß zur Berechnung von x_k die Werte $x_{k+1}, \ldots, x_n$ bekannt sein müssen.

Der gesamte Lösungsprozeß sei am Beispiel der Gleichungen (15.2) dargestellt:

1. E l i m i n a t i o n

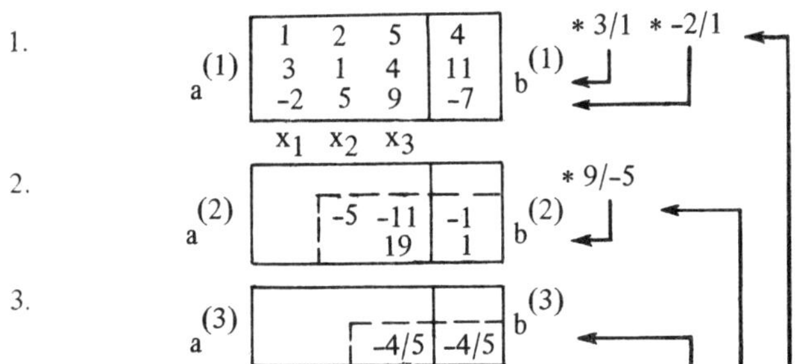

2. R ü c k s u b s t i t u t i o n

3. $x_3 = (-4/5)/(-4/5) = 1$

2. $x_2 = (-1 + 11*1)/(-5) = -2$

1. $x_1 = (+4 - 5*1 - 2*(-2)) / 1 = 3$

Zur Programmierung dieser Lösungsmethode nach Gauß ist von außerordentlicher Wichtigkeit die Feststellung, daß zur Berechnung von $a^{(k+1)}$ und $b^{(k+1)}$ jeweils nur die Koeffizienten $a^{(h)}$ und $b^{(h)}$ mit $h = k$ benötigt werden, jedoch keine mit $h < k$. Können daher zur Darstellung von allen $a^{(k)}$ und $b^{(k)}$ dieselben Variablen A und B verwendet werden? Bevor diese Frage zu beantworten ist, muß untersucht werden, welche Koeffizienten für die nachfolgenden Rücksubstitutionen von Bedeutung sind. Dazu ist festzustellen, daß im k-ten Schritt eine beliebige Zeile a_i verwendet werden kann. Wird nun die k-te gewählt, so stehen in der Tat die Zeilen von A und B, welche die Werte $a_{ij}^{(k)}$ und $b_i^{(k)}$ für $i = k+1, \ldots, n$ enthalten, zur freien Verfügung. Sie können daher mit dem neuen Koeffizienten $a_{ij}^{(k+1)}$ und $b_i^{(k+1)}$ belegt werden. Es folgt daraus, daß nur eine Variable A und ein B eingeführt werden müssen, die sukzessive die Koeffizienten $a^{(1)}, a^{(2)}, \ldots, a^{(n)}$ und $b^{(1)}$, $b^{(2)}, \ldots, b^{(n)}$ darstellen. Damit reduziert sich der Speicheraufwand von

$$n^2 + (n-1)^2 + \cdots + 2^2 + 1^2 = \frac{1}{6}(2n^3 + 3n^2 + n)$$

Speichereinheiten für $a^{(1)}, \ldots, a^{(n)}$ und von

$$n + (n-1) + \cdots + 2 + 1 = \frac{1}{2}(n^2 + n)$$

Speichereinheiten für $b^{(1)}, \ldots, b^{(n)}$ auf lediglich $n^2 + n$ Einheiten für die Variablen A und B zusammen. Diese Ersparnis macht in sehr vielen Fällen eine Lösung überhaupt erst möglich. (Man beachte, daß aus ähnlichen Überlegungen auch die Werte $x_1, \ldots, x_n$ durch die Variable B gespeichert werden könnten, wodurch sich eine Variable X erübrigt und der Speicheraufwand sogar noch weiter sinkt.)

Aufgrund dieser Überlegungen werden die Variablen A, B und X wie folgt vereinbart:

```
var A: array [1 .. n, 1 .. n] of real;
    B, X: array [1 .. n] of real                                  (15.11)
```

Version 1 des Programmes lautet dann

```
begin „Wertzuweisungen an A und B"                                (15.12)
   for k := 1 to n-1 do
   begin „Berechne a(k+1) und b(k+1) aus a(k) und b(k) nach (15.6)"
   end;
   k := n;
   repeat „Berechne xk nach (15.10)"; k := k-1
   until k = 0
end .
```

Version 2 entsteht durch Präzisierung der Anweisung „Berechne . . . nach (15.6)" und lautet

```
for i := k+1 to n do                                                    (15.13)
begin „Berechne die i-te Zeile von a(k+1) und b(k+1) nach (15.6)"
end
```

An dieser Stelle sollte beachtet werden, daß zur Berechnung von $a_{ij}^{(k+1)}$ (bzw. $b_i^{(k+1)}$) nach (15.6) der Faktor $a_{kj}^{(k)}/a_{kk}^{(k)}$ (resp. $b_k^{(k)}/a_{kk}^{(k)}$) unabhängig von i ist. Die Befolgung der Grundregel, daß die wiederholte Berechnung von Ausdrücken, die unverändert bleiben, vermieden werden sollte, ist daher sicher angezeigt. Dies äußert sich darin, daß die Division durch $a_{kk}^{(k)}$ aus der repetierten Anweisung herausgehoben wird. Wie sollen jedoch die resultierenden Quotienten gespeichert werden? Ist es etwa möglich, die Werte $a_{kj}^{(k)}$ durch $a_{kj}^{(k)}/a_{kk}^{(k)}$ bzw. $b_k^{(k)}/a_{kk}^{(k)}$ zu ersetzen? Wiederum ist zuerst der Einfluß einer solchen Handlung auf die später folgenden Rücksubstitutions-Schritte, in denen diese Koeffizienten verwendet werden, zu untersuchen. Dazu ist festzustellen, daß die Multiplikation (bzw. Division) aller Koeffizienten einer Gleichung mit demselben Faktor die Lösungen der Gleichung unverändert läßt. Zusätzlich ergibt sich nach der Division durch $a_{kk}^{(k)}$ für $a_{kk}^{(k)}$ selbst der Wert 1, wodurch sich sogar die Division in der Rücksubstitution erübrigt. Besagte Maßnahme ist also nicht nur erlaubt, sondern sogar vorteilhaft!

V e r s i o n 3 des Eliminations-Schrittes ergibt sich demzufolge zu

```
for k := 1 to n - 1 do
begin p := 1/A[k, k];                                                   (15.14)
   for j := k+1 to n do A[k, j] := p * A[k, j] ;
   B[k] := p * B[k];
   for i := k+1 to n do
   begin „Berechne a_i(k+1) b_i(k+1) nach (15.6)"
   end
end
```

Die Anweisung „Berechne nach (15.6)" ergibt sich nun aus der Tatsache, daß A[k,j] den Wert $a_{kj}^{(k)}/a_{kk}^{(k)}$ darstellt, wie folgt:

V e r s i o n 4:

```
for i := k+1 to n do                                                    (15.15)
begin for j := k+1 to n do A[i, j] := A[i, j] - A[i, k] * A[k, j];
        B [i] := B [i] - A [i, k] * B [k]
end
```

Derselbe Prozeß der Präzisierung ist nun noch auf die Anweisung „Berechne . . . nach (15.10)" in der Version 1 anzuwenden, welche die Rücksubstitution darstellt. Sie ergibt sich sofort als eine Folge von Subtraktionen, wobei noch zu beachten ist, daß sich die Division durch $a_{kk}^{(k)}$ erübrigt.

Version 5 : k-ter Rücksubstitutions-Schritt

```
begin t := B [k] ;
   for j := k+1  to n do t := t - A [k, j] * X [j];          (15.16)
   X [k] := t
end
```

Es ist zu beachten, daß hierbei Gebrauch gemacht wird von der Definition der for-Anweisung für den Fall, daß der Anfangswert der Laufvariablen kleiner ist als die Endgrenze. Diese Definition besagt, daß in einem solchen Fall die Anweisung überhaupt nicht zur Ausführung gelangt.

Die gesamte Lösung ist in (15.17) zusammenfassend wiedergegeben. Man beachte dabei, daß dort n Eliminationsschritte anstatt nur n–1 ausgeführt werden. Der letzte Schritt bewirkt aber lediglich die (notwendige) Division von $b_n^{(n)}$ durch $a_{n,n}^{(n)}$.

Gaußsches Eliminationsverfahren

```
{ Lösung eines linearen Gleichungssystems nach Gauß }
var i, j, k:  1 . . n;
   p, t: real;
   A: array  [1 . . n, 1 . . n] of real;                      (15.17)
   B: X: array  [1 . . n] of real;
begin { Wertzuweisungen an  A  und  B }
   for k := 1 to n do
   begin p := 1.0/A [k, k];
      for j := k+1 to n do   A[k, j] := p * A [k, j];
      B[k]  := p * B [k];
      for i := k+1 to n do
      begin for j := k+1 to n do
                     A [i, j] := A [i, j] - A[i, k] * A [k, j];
         B[i] := B [i] - A [i, k] * B [k]
      end
   end;
   k := n;
   repeat t := B [k];
      for j := k+1 to n do t := t -A [k, j] * X [j];
      X [k] := t;  k := k-1
   until k = 0
  {X [1] . . . X [n]  sind die Lösungen }
end.
```

Besondere Aufmerksamkeit ist in diesem Programm der Division zu widmen, da der Algorithmus versagt, sobald ein Divisor mit dem Wert Null auftritt. Diese potentielle Gefahr ist umso signifikanter, als bei der Verwendung einer Arithmetik mit endlicher Stellenzahl bereits ein Divisor mit einem Wert in der Nähe von Null zu falschen Resultaten führt. Die Tatsache, daß eine beliebige Vertauschung von Zeilen ($a_i^{(k)}$, $b_i^{(k)}$) oder eine Vertauschung von Spalten $a_{*j}^{(k)}$ (unter gleichzeitiger Aufzeichnung zur späteren Umbenennung der Resultate X_j) vor jedem Eliminations-Schritt die Resultate unverändert beläßt, gestattet eine Auswahl des Divisors (genannt P i v o t) unter allen Kandidaten $a_{ij}^{(k)}$ derart, daß der zu erwartende Fehler möglichst klein bleibt. Dabei wird als Pivot stets jener Kandidat mit dem größten Absolutwert ausgewählt. Diese P i v o t - W a h l kompliziert den Algorithmus nicht unwesentlich, ist jedoch im allgemeinen unumgänglich. Kann schließlich kein Kandidat mit einem Wert gefunden werden, der wesentlich von Null verschieden ist, so bezeichnet man das Gleichungssystem als ungünstig (ill conditioned), oder es ist sogar singulär, d.h. es hat keine eindeutige Lösung.

Eine kurze Analyse des Algorithmus ergibt, daß die Operation

$$A[i,j] := A[i,j] - A[i,k] * A[k,j] \tag{15.18}$$

am häufigsten ausgeführt wird, und zwar

$$(n-1)^2 + (n-2)^2 + \cdots + 2^2 + 1^2 = \frac{1}{6}(2n^3 - 3n^2 + n) \tag{15.19}$$

mal. Der Rechenaufwand steigt also für große Werte n mit der dritten Potenz von n.

15.2. Ermittlung der kleinsten Zahl, die sich auf zwei Arten als Summe von zwei dritten Potenzen natürlicher Zahlen darstellen läßt

Dieses Problem soll das Prinzip der systematischen schrittweisen Programmentwicklung an einem Beispiel eines Auswahlprozesses darstellen, dessen Kriterien nach und nach verfeinert werden. Die Aufgabe besteht darin, die kleinste Zahl x zu finden, so daß

$$x = a^3 + b^3 = c^3 + d^3, \tag{15.20}$$

wobei a, b, c, d natürliche Zahlen sind und $a \neq c$ und $a \neq d$.

Ohne in tiefere zahlentheoretische Bereiche vorzudringen, ist es wohl am sinnvollsten, die Kandidaten für x in der Reihenfolge zunehmender Größe zu berechnen und den Prozeß abzubrechen, sobald zwei aufeinanderfolgende Werte identisch sind. Als Kandidaten werden zweckmäßigerweise alle diejenigen Zahlen betrachtet, die sich als Summe zweier dritter Potenzen darstellen lassen. Die erste Version eines Programms läßt sich etwa folgendermaßen ausdrücken:

V e r s i o n 1 :

```
x := 2;  {= 1³ + 1³}
repeat min := x;
   x := „nächst größere Summe zweier Potenzen“
until x = min
```

Das Problem reduziert sich damit auf die verfeinerte Spezifikation der Ermittlung der „nächst größeren Summe zweier Potenzen". Um dazu einen Anhaltspunkt zu gewinnen, ist es ratsam, den Anfang dieser Folge „von Hand" zu berechnen. Dies sei hier am analogen Problem mit Quadratzahlen veranschaulicht. Die Tabelle (15.21) enthält solche Kandidaten in ungeordneter Folge; dabei ist $S_{ij} = i^2 + j^2$.

i \ j	1	2	3	4	5	6	7	8 ...
1	2							
2	5	8						
3	10	13	18					
4	17	20	25	32				
5	26	29	34	41	50			
6	37	40	45	52	61	72		
7	50	53	58	65	74	85	98	
8	65	68	73	80	89	100	113	128
9	82	85	...					
...								

(15.21)

Daraus ist bereits ersichtlich, daß

$$50 = 1^2 + 7^2 = 5^2 + 5^2$$
$$65 = 1^2 + 8^2 = 4^2 + 7^2$$
$$85 = 2^2 + 9^2 = 6^2 + 7^2$$

und daß 50 das gesuchte Minimum ist. Es handelt sich aber bei der Automatisierung dieses Suchprozesses darum, die Kandidaten der Reihe nach zu generieren:

$$2, 5, 8, 10, 13, 17, \ldots 45, 50, 50 \qquad (15.22)$$

Folgende Feststellungen sind für das weitere Vorgehen offenbar nützlich:

1. $S_{ij} > S_{ik}$ für alle i und $j > k$,
2. $S_{ij} > S_{kj}$ für alle j und $i > k$,
3. wegen der Symmetrie $S_{ij} = S_{ji}$ genügt es, nur S_{ij} mit $j \leqslant i$ in Betracht zu ziehen.

Aus 1. folgt sofort, daß in einer Zeile der Tabelle (15.21) Kandidaten stets strikt von links nach rechts ausgewählt werden. Daher erübrigt sich auch das Speichern der gesamten Zeilen; es genügt, wenn jeweils der letzte Kandidat einer Zeile festgehalten wird. Die Tabelle für das ursprüngliche Problem kann somit dargestellt werden durch die Variable

var S: **array** [1 . . ?] **of** integer (15.23)

Zudem wird zur erwähnten Festhaltung des zuletzt erzeugten Kandidaten die „Index"-Variable

var j: **array** [1 . . ?] **of** integer (15.24)

eingeführt, wobei stets die Beziehungen

$$S[k] = k^3 + j[k]^3 \tag{15.25}$$

gelten sollen. Wird anstelle von x der Index i des zuletzt ermittelten Kandidaten behalten und ferner die Funktion $p(k) = k^3$ eingeführt, so ergibt sich die folgende zweite Version des Programms.

V e r s i o n 2:

```
i := 1;
for k := 1 to ? do                                        (15.26)
   begin j[k] := 1; S[k] := p(k) + 1
   end;
repeat min := S[i];
   1: „Erhöhe j[i] und ersetze S[i] durch den nächsten
        Wert in der i-ten Zeile";
   2: „Bestimme i neu als Index des kleinsten Kandidaten"
until S[i] = min
```

Diese Version ist schon deshalb unzulänglich, weil eine unbestimmte Zahl von Komponenten S[k] auf den Wert $k^3 + 1^3$ initialisiert werden. Im Prinzip beinhaltet damit auch die Anweisung 2 eine Auswahl unter einer unbestimmten Zahl von Kandidaten. Wird die Feststellung 2 jedoch berücksichtigt, so erübrigt sich die Auswahl (und damit auch deren Initialisierung) unter den Elementen S[k] mit $k > ih$, wenn ih stets der kleinste Index ist, so daß j [ih] = 1 (d.h. $j[k] > 1$ für alle $k < ih$). Daraus entsteht

V e r s i o n 3 :

```
i := 1; ih := 2;
j[1] := 1; S[1] := 2; j[2] : = 1; S[2] := 9;              (15.27)
repeat min := S[i];
   1: if j[i] = 1 then „Erhöhe ih und initialisiere S[ih]";
   2: „Erhöhe j[i] und ersetze S[i] durch den nächsten
        Wert in der Zeile i ";
   3: „Bestimme i, so daß S[i] = min(S[1] . . . S[ih])"
until S[i] = min
```

Die Generierung von weiteren Kandidaten aus der i-ten Zeile muß allerdings unterbrochen werden, sobald j [i] = i , und zwar nicht nur, weil sich wegen der Symmetrie der Tabelle die Auswahl auf das „untere Dreieck" beschränken läßt, sondern weil eine Fortsetzung der Auswahl jeweils Wertepaare $a^3 + b^3$ und $b^3 + a^3$ generieren und als gleich erkennen lassen würde. Indem nun aber durch Erreichen der Zeilengrenze j [i] = i einzelne Zeilen vollständig ausscheiden können, wird es nötig, neben ih auch einen u n t e r e n Indexgrenzwert iℓ einzuführen. Die Auswahl von Kandidaten (zeilen) wird damit auf höchst erwünschte Weise erneut eingeschränkt. Die untere Indexgrenze iℓ wird jeweils erhöht, sobald eine Zeile ausscheidet.

V e r s i o n 4 :

```
i := 1; iℓ := 1; ih := 2;        . . .
repeat min := S [i] ;                                   (15.28)
   if j [i] = i then iℓ := iℓ + 1 else
      begin 1: if j [i] = 1 then
                    „Erhöhe ih und initialisiere S [ih]";
                 2 : „Erhöhe j [i] und ersetze S [i] . . . "
      end ;
   3: „Bestimmc i dcrart, daß S [i] = min (S [iℓ] . . . S [ih] )"
until S [i] = min
```

Im weiteren sind nun die Anweisungen 1 bis 3 in (15.28) zu präzisieren. Wird das Minimum in Anweisung 3 durch ein einfaches lineares Suchen (vgl. (11.19)) ermittelt, so ergibt sich das Programmstück (15.29).

V e r s i o n 5 : (Anweisung 3)

```
i := iℓ; k := i;
while k < ih do
   begin { S[i] = min (S[iℓ] . . . S[k]) } k := k+1;     (15.29)
      if S [k] < S [i] then i := k
   end
```

Anweisung 2 ergibt sich am einfachsten zu

```
j [i] := j [i] + 1;  S [i] := p (i) + p (j [i] )         (15.30)
```

und Anweisung 1 zu

```
if j [i] = 1 then                                       (15.31)
begin ih := ih+1; j[ih] := 1; S[ih] := p (ih) + 1
end
```

Das so entstandene Programm kann nun noch ausgefeilt werden, indem die wiederholte Berechnung von p (i) zur Bildung der Summen S[i] vermieden wird. Eine solche Verbesserung drängt sich schon deshalb auf, weil eine neue Potenz p (i) stets dann berechnet werden muß, wenn ih erhöht wird, und diese somit ohne weiteren Aufwand leicht in das bestehende Programm eingebaut werden kann. Wird zur Speicherung der Potenzen die Variable

```
var p: array [1 . . ? ] of integer                      (15.32)
```

eingeführt und die Funktion p(x) systematisch durch p[x] ersetzt, so beschränkt sich die weitere Änderung des Programms auf das Einfügen von

```
p [ih] := ih * ih * ih                                  (15.33)
```

in der Anweisung 1 (15.31). Daraus ergibt sich dann die endgültige Version 5, welche zusammenfassend als ganzes Programm in (15.34) wiedergegeben ist. Dieses Programm bestimmt das gesuchte Minimum zu

$$1729 = 10^3 + 9^3 = 12^3 + 1^3 ,$$

indem 61 Kandidaten geprüft werden. Es ergeben sich dabei die Endwerte iℓ = 10, ih = 12, und die Relation S [k] < S [i] wird 107 mal bestimmt. Durch Änderung des Ausdrucks (15.33) und einiger Initialwerte für S , läßt sich dieses Programm auch zur Berechnung der kleinsten Zahl einsetzen, welche als Summe von vierten Potenzen auf verschiedene Art darstellbar ist. Allerdings vergrößert sich der Rechenaufwand ungemein rasch: Das Resultat ergibt sich zu

$$635318657 = 134^4 + 133^4 = 158^4 + 59^4$$

nachdem 11660 Kandidaten überprüft wurden.

```
var i, iℓ, ih, min, a, b, k: integer;
   j, p, S: array [1 . . 12] of integer;
  {p[k] = k³, S[k] = p [k] + p [j[k] ]  for k = 1 . . . ih}
begin i := 1; iℓ := 1; ih := 2;
   j [1] := 1; p[1] : = 1;  S[1] := 2; j [2] := 1; p[2] := 8; S[2] := 9;
   repeat min := S[i]; a := i; b := j [i];
      if j [i] = i then iℓ := iℓ + 1 else                         (15.34)
         begin if j[i] = 1 then
                begin ih := ih+1; p[ih] := ih*ih*ih;
                   j[ih] := 1; S[ih] := p[ih] + 1
                end;
            j[i] := j[i] + 1; S[i] := p[i] + p[j[i]]
         end;
      i := iℓ; k := i;
      while k < ih do
         begin k := k + 1;
            if S [k] < S [i] then i := k
         end
   until S [i] = min;
   writeln (min, a, b, i, j [i])
end.
```

15.3. Berechnung der ersten n Primzahlen

Das Problem der Bestimmung der ersten n Primzahlen besitzt mit dem vorangegangenen Beispiel insofern eine gewisse Verwandtschaft, als ebenfalls schrittweise die Glieder einer Zahlenfolge berechnet werden.

Allerdings ist das Abschlußkriterium hier noch einfacher, und es drängt sich sogleich die folgende erste Version auf.

V e r s i o n 1 :

```
var i, x: integer;
begin x := 1;                                                    (15.35)
   for i := 1 to n do
      begin x := „Nächste Primzahl (x);  write (x)“
      end
end .
```

Die einzige Anweisung dieses Programms, die noch einer Präzisierung bedarf, ist „x := Nächste Primzahl (x)“. Diese Anweisung, die dann auch als einzige Bezug darauf nimmt, daß es sich bei den gewünschten Zahlen um Primzahlen handelt, läßt sich, wie leicht ersichtlich ist, unter Einführung einer Booleschen Variablen prim wie folgt ausdrücken:

V e r s i o n 2 :

```
repeat x := x + 1;                                               (15.36)
   prim := „x ist eine Primzahl“
until prim
```

Nun läßt sich aber der Arbeitsaufwand sofort reduzieren, wenn berücksichtigt wird, daß mit Ausnahme der ersten alle Primzahlen ungerade sind. Wird die Primzahl 2 gesondert behandelt, so läßt sich danach x jeweils um 2 erhöhen. Im weiteren gilt es nun, die Anweisung

```
prim := „x ist eine Primzahl“
```

in Einzelschritte zu zerlegen. Hier muß also offenbar zum ersten Mal auf die Definition von Primzahlen zurückgegriffen werden: x ist dann und nur dann eine Primzahl, wenn x nur durch 1 und sich selber teilbar ist, d.h. durch keine der Zahlen 2, 3, . . ., x-1 ohne Rest dividiert werden kann. Damit ergibt sich innerhalb der Repetition (15.36) eine weitere, geschachtelte Wiederholungsstruktur:

V e r s i o n 3 :

```
repeat  x := x + 2;  k := 2;
   repeat { x ist nicht teilbar durch 2, 3, . . . , k}           (15.37)
      k := k + 1; prim := „x ist nicht durch k teilbar“
   until ¬ prim v (k ≥ lim)
until prim
```

Offenbar kann für die Größe lim direkt der Ausdruck x-1 verwendet werden. Weit vorteilhafter und ebenfalls hinreichend ist jedoch lim = $\sqrt{x}$, dann wäre x durch eine Zahl k > $\sqrt{x}$ teilbar, dann ließe sich x als Produkt x = k∗j darstellen. Somit wäre aber x auch durch j < $\sqrt{x}$ teilbar, was bereits als nichtzutreffend ermittelt wurde. Ebenso wichtig für die weitere Entwicklung ist aber die Berücksichtigung der Tatsache, daß es vollauf genügt, die Teilbarkeit von x durch P r i m z a h l e n zu prüfen, denn ist x durch k teilbar, so läßt es sich auch durch die Primfaktoren von k dividieren. Es erscheint daher als ratsam,die bereits berechneten Primzahlen in einer Tabelle p aufzubewahren. Aus dieser Idee ergibt sich die

Version 4:

```
repeat x := x + 2; k := 2; prim := true;
   while prim ∧ (k < lim) do                                    (15.38)
   begin prim := „x ist nicht durch p [k] teilbar";
      k := k + 1
   end
until prim;
p [i] := x
```

Nun ist allerdings die Größe lim als Index der größten (und letzten) Primzahl p [lim] zu bestimmen, durch die die Teilbarkeit von x zu überprüfen ist. Es gelte also stets

$$p[\mathrm{lim}] > \sqrt{x} \qquad \text{und} \qquad p[\mathrm{lim}-1] \leqslant \sqrt{x} \tag{15.39}$$

Bis dahin wurde offenbar stillschweigend angenommen, daß die Werte p [1] . . . p [lim] bereits bekannt, d.h. aus früheren Handlungen hervorgegangen sind. Dies ist jedoch nur dann der Fall, wenn der zu überprüfende Kandidat x kleiner ist als $p[i-1]^2$, d.h. wenn stets

$$p[i] < p[i-1]^2. \tag{15.40}$$

Glücklicherweise garantiert aber die Zahlentheorie die Richtigkeit genau dieser Beziehung für alle Primzahlen. Der Index lim muß offenbar jedesmal dann überprüft werden, wenn x erhöht wird, und ebenfalls erhöht werden, sobald $p[\mathrm{lim}]^2 \leqslant x$. Die Erhöhung von lim um 1 genügt, da seit der letzten Überprüfung der Wert x lediglich um 2 erhöht wurde, und $p_{i+1}^2 > p_i^2 + 2$ für alle i. Diese Überlegungen führen zur Version 5, die zur Wahrung des Überblicks das soweit entwickelte Programm als Ganzes darstellt :

Version 5:

```
type index = 1 . . n;
var x: integer;                                                 (15.41)
   i, k, lim: index; prim: Boolean;
   p: array [index] of integer; { p[i] = i-te Primzahl }
begin p [1] := 2; write (2); x := 1; lim := 1;
   for i := 2 to n do
   begin
      repeat x := x + 2;
         if sqr (p[lim] ) ⩽ x then lim := lim + 1;
         k := 2; prim := true;
         while prim ∧ (k < lim) do
            begin prim := „x ist nicht durch p [k] teilbar";
```

```
                k := k + 1
            end
        until prim ;
        p [i] := x;  write (x)
    end
end .
```

Es bleibt schließlich noch die Anweisung

prim := „x ist nicht durch p [k] teilbar“

derart zu präzisieren, daß sie mittels der in der grundlegenden Programmiersprache verfügbaren Operatoren formuliert werden kann. Werden die in Abschnitt 8 eingeführten Operatoren angewendet, so kann die Anweisung durch

prim := (x **mod** p [k]) $\neq$ 0 (15.42.1)

oder

prim := (x **div** p [k]) * p [k] $\neq$ x (15.42.2)

ausgedrückt werden.

Mit dieser Lösung mag man sich nun allerdings zufrieden geben. Doch sei hier die Aufgabenstellung willkürlich erschwert durch die Zusatzbedingung, daß keine Division verwendet werde. In diesem Fall kann die Anweisung (15.42) dargestellt werden durch ein repetitives Programm, das den Divisor wiederholt von x subtrahiert:

```
r := x;
repeat r := r -p[k] until r ≤ 0;                    (15.43)
prim := r < 0
```

Da die Anweisung (15.43) jedoch besonders häufig ausgeführt werden muß und die wiederholte Subtraktion doch recht aufwendig sein kann, ist es hier besonders angezeigt, nach einer eleganteren und effizienteren Lösung Ausschau zu halten.

Eine sowohl zweckmäßige wie auch einfache Lösung besteht darin, neben den Primzahlen p [2], p[3], . . . , p[lim] auch deren ganzzahlige Vielfache abzuspeichern, und zwar so, daß das Vielfache V[k] = m * p [k] stets der Bedingung

$x \leqslant V[k] < x + p[k]$ für $k = 2 \ldots lim$ (15.44)

genügt, In diesem Fall kann die Teilbarkeit von x durch p [k] einfach durch Vergleich von x mit V [k] bestimmt werden. Wird in Anbetracht der überaus häufigen Verwendung des Ausdrucks $p[lim]^2$ noch die Hilfsvariable square eingeführt, wobei stets gelte

$square = p[lim]^2$ (15.45)

so ergibt sich daraus das endgültige Programm als

Version 6:

```
type index = 1 .. n;
var x, square: integer;                             (15.46)
```

```
    i, k, lim: index; prim: Boolean;
    p: array [index] of integer; V: array [1 .. √n ] of integer;
begin p [1] := 2; write (2); x := 1; lim := 1; square := 4;
    for i := 2 to n do
    begin
        repeat x := x + 2;
            if square ≤ x then
                begin V [lim] := square;
                    lim := lim + 1; square := sqr (p [lim])
                end ;
            k := 2; prim := true;
            while prim ∧ (k < lim) do
                begin if V [k] < x then V [k] := V [k] + p [k];
                    prim := (x ≠ V [k]); k := k + 1
                end
        until prim ;
        p [i] := x; write (x)
    end
end .
```

Dieses Beispiel zeigt augenfällig, wie durch die erzwungene Einschränkung zur Arbeit mit einem einfachen Werkzeug (Computer ohne Division) der Ansporn zur Ermittlung einer wesentlich überlegenen Lösung gegeben wurde. Es ist in der Tat nicht selten, daß gerade leistungsfähige Rechenanlagen mit großen Speichern Programmierer davon abhalten, Algorithmen derart auszufeilen, daß die gewünschten Resultate mit vernünftigem Rechenaufwand erzeugt werden.

Die folgende Tabelle (15.47) gibt Aufschluß über die Häufigkeit der Ausführung gewisser Anweisungen in Abhängigkeit der gewünschten Anzahl von Primzahlen.

n =	10	50	200	500	1000
x := x + 2	14	114	611	1785	3959
lim := lim + 1	3	6	11	17	23
prim :=(x ≠V[k])	13	268	2340	9099	25133
V[k] := V[k]+ p[k]	8	156	1151	3848	9287

(15.47)

15.4. Ein Beispiel eines heuristischen Algorithmus

Das in diesem Abschnitt behandelte Problem ist ein einfaches, aber typisches Beispiel für eine Klasse von Aufgaben, deren Lösungen auf heuristische Art, d.h. durch „Probieren und Überprüfen" erhalten werden. Das wesentliche an dieser Methode ist, daß Lösungen gefunden werden, indem auf eine bestimmte Art Lösungsvorschläge erzeugt werden, die danach in bezug auf die verschiedenen Kriterien überprüft werden, die eine Lösung erfüllen muß. Stellt sich ein Vorschlag als nicht akzeptabel heraus, so wird er fallen gelassen. Im folgenden Beispiel lautet die Aufgabe:

Man erzeuge eine Folge von N Zeichen über einem Zeichensatz mit drei Elementen (z.B. 1, 2, und 3), so daß keine zwei unmittelbar nebeneinander liegende Teilfolgen identisch sind.

Somit ist z.B. die Folge der Länge 5 mit den Zeichen „12321" akzeptabel, nicht jedoch „12323" oder „12123".

In Problemen dieser Art ist es empfehlenswert, die Folgen der Länge N systematisch aufzubauen, indem – angefangen mit der leeren Folge – schrittweise längere Folgen erzeugt werden. Da es sinnlos ist, eine Folge zu verlängern, die die gestellte Bedingung nicht erfüllt, ergibt sich als logische Konsequenz die Strategie, in jedem Schritt die vorliegende Folge zu überprüfen und sie zu erweitern, falls sie der Bedingung genügt (was nachfolgend als „gut" bezeichnet wird), oder sie abzuändern, wenn sie der Bedingung nicht genügt. In einer ersten Version des Programms werden je eine Variable zur Darstellung der Länge und der „Güte" der erzeugten Folge S eingeführt. Erstere wird mit m bezeichnet und nimmt die Werte 0, 1, 2, . . . ein, während sich für letztere entweder die Möglichkeit anbietet, einen Wertebereich „gut, schlecht" einzuführen oder den Booleschen Wertebereich zu verwenden, und der Variablen einen entsprechenden Namen zu verleihen. Es werde hier die zweite Lösung befolgt mit der Konvention

good = true bedeute „die Folge genügt der Bedingung"
good = false bedeute „die Folge genügt der Bedingung nicht"

Version 1:

```
var m: 0 . . N;  good: Boolean;  S: „Folge";                (15.48)
begin m := 0; good := true; { die leere Folge ist „gut"}
   repeat if good then „Verlängere die Folge S"
                  else „Verändere die Folge S";
          good := „S ist eine gute Folge" ;
   until good ∧ (m = N);
   PRINT (S)
end .
```

Unter einer Veränderung sei hier die Änderung oder Entfernung gewisser Komponenten der Folge verstanden, ohne daß jedoch deren Anzahl zunimmt. Damit der Algorithmus zu einem Abschluß gelangt, muß allerdings die Veränderung stets derart vorgenommen werden, daß niemals eine bereits früher erzeugte und überprüfte Folge nochmals entstehen kann. Das bedingt, daß die Veränderung planmäßig und systematisch erfolgen muß, und daß daher unter den möglichen Folgen eine gewisse Ordnung postuliert werden muß, die bei der Erzeugung befolgt werden kann. Die hier getroffene Wahl der Zeichen 1, 2, und 3 suggeriert bereits eine der möglichen Ordnungen: Wird eine Folge $S = s_1 s_2 \ldots$ als ein Dezimalbruch mit dem Wert $|S| = 0.s_1 s_2 \ldots$ betrachtet, dann sei die Ordnungsrelation $\prec$ definiert durch die Beziehung

$$S \prec S' \Leftrightarrow |S| < |S'| \tag{15.49}$$

Damit sind gleichzeitig die Algorithmen für die Verlängerung und die Veränderung von Folgen bestimmt. Bei einer Verlängerung muß mit der kleinstmöglichen Lösung begonnen werden, damit bei einer möglichen späteren Veränderung keine der Kandidatenfolgen außer Acht gelassen wird. Es wird also der bestehenden Folge S ein Zeichen „1“ angefügt, („1“ $\prec$ „2“ $\prec$ „3“).

Um die Operationen der Verlängerung und Veränderung in Einzelheiten beschreiben zu können, ist es unumgänglich, die Struktur der Variablen S festzulegen, die die Folge darstellt. Da die Komponenten der Folge stets neu inspiziert und verändert werden müssen, scheidet die File-Struktur sogleich aus. Die Vereinbarung laute daher

var S: **array** [1 . . N] **of** char. (15.50)

Bei der Festlegung der Veränderung muß darauf geachtet werden, daß das Element S[m] nicht einfach durch das nächst größere Zeichen ersetzt werden kann, wenn S [m] = '3'. In diesem Fall muß nämlich die Folge verkürzt und das vorangehende Zeichen geändert werden (das ebenfalls den Wert '3' aufweisen kann!). An dieser Stelle möge der Leser selbst den Algorithmus überprüfen; es werden folgende Kandidaten erzeugt:

```
+ 1
  11
+ 12
+ 121
  1211                (15.51)
  1212
+ 1213
+ 12131
  121311
+ 121312
  . . .
```

(Die „guten“ Folgen sind mit einem +-Zeichen markiert). Werden die Operationen des Verlängerns, Veränderns, und Überprüfens als Prozeduren mit den Namen extend, change und check dargestellt, so ergibt sich das folgende Programm (15.52).

Version 2:

```
var S: array [1 . . N] of char;
   m: 0 . . N;  good:  Boolean;
procedure extend;                                            (15.52)
   begin m := m+1; S[m] := '1' end ;
procedure change;
   begin if S[m] < '3' then S[m] := succ (S [m] ) else
      begin m := m-1; {Verkürzung von S}
         if m > 0 then
         if S [m] < '3' then S [m] := succ (S[m] ) else
         begin m := m-1; {nochmalige Verkürzung}
            if m > 0 then S [m] := succ (S [m])
         end
      end
   end ;
begin m := 0; good := true; { leere Folge}
   repeat if good then extend else change;
            check
   until good ∧ (m=N) ∨ (m=0);
   PRINT (S)
end.
```

Version 2 berücksichtigt, daß die Möglichkeit einer Verkürzung von S zur Länge 0 besteht, indem der Abschlußbedingung der weitere Term m = 0 zugefügt wird. Man beachte ferner, daß die Prozedur change eine Verkürzung der Folge um höchstens zwei Elemente vorsieht. Diese Einschränkung ist deshalb gestattet, weil die vorgeschlagenen Kandidatenfolgen stets durch Anfügen eines einzigen Zeichens an eine akzeptable Folge entstanden sind.

Bevor auf eine präzisere Beschreibung der Operation check eingegangen wird, sei auf eine Variante dieses Programmes aufmerksam gemacht, die eine etwas effizientere Lösung darstellt. Es sei vorerst festgehalten, daß die drei Grundoperationen extend, change und check sich stets in folgender Reihenfolge ablösen:

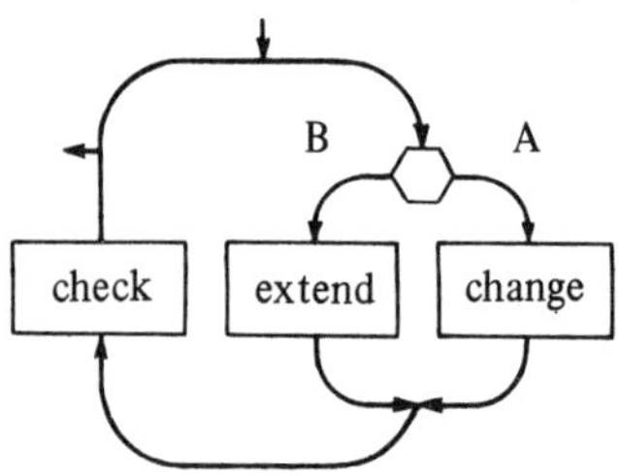

(15.53)

Es ist zu vermuten, daß der Weg A öfter beschritten wird als der Weg B. Version 2 a gestattet die Wiederholung der Operation change unter Prüfung einer etwas einfacheren Abschlußbedingung. Dabei wird Gebrauch von einer geschachtelten Schleifenstruktur gemacht.

Version 2a:

```
repeat extend; check;
   while ¬ good ∧ (m > 0) do                                  (15.54)
      begin change; check end;
until (m = N) ∨ (m = 0)
```

Das Programm der Version 2a entspricht dem Diagramm (15.55), das zeigt, daß die möglichen Reihenfolgen der drei Grundoperationen dieselben sind wie im Diagramm (15.53).

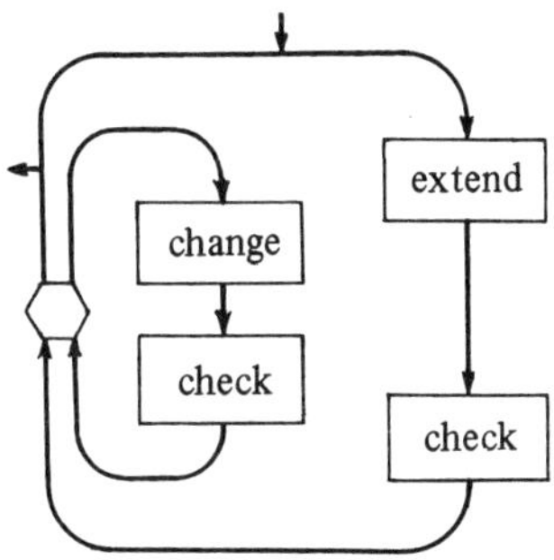

(15.55)

Störend wirkt bei der Lösung der Version 2 vor allem die Komplexität der Operation change und diejenige der Abschlußbedingung(en). Erstere kann unter Verwendung eines nicht selten verwendeten „Tricks" tatsächlich wesentlich vereinfacht werden:

Die Komplexität der Prozedur change stört vor allem deshalb, weil sie von der Berücksichtigung einer Eventualität herrührt, die wahrscheinlich selten und vielleicht sogar nie eintritt: der Verkürzung der Folge zur leeren Folge. In diesem Fall muß eine Wertzuweisung an das nichtexistente Element S[0] verhindert werden. Der „Trick" besteht nun darin, eine Array-Komponente S [0] einzuführen und die eventuelle Zuweisung zuzulassen. Die Prozedur change läßt sich dann darstellen als

```
procedure change;
   begin while S [m] = '3' do m := m-1;                       (15.56)
      S [m] := succ (S [m] )
   end
```

Wird zudem – vielleicht auf Grund kombinatorischer Überlegungen – die Zusicherung der Existenz einer Lösung der Länge N gegeben, so läßt sich (15.56) sogar ohne Einführung der Komponenten S [0] verwenden, und zudem vereinfacht sich das Hauptprogramm (15.54) weiter zu

```
repeat extend; check;
   while ¬ good do                                                    (15.57)
      begin change; check end
until m = N
```

Die weiteren Bemühungen gelten nun der Operation check, deren Definition lautet (s. (15.48)) :

good := „S ist eine gute Folge"

Es ist bemerkenswert, daß bis zu diesem Zeitpunkt nirgends auf die Bedingung Bezug genommen wurde, durch die eine „gute", d.h. akzeptable Folge charakterisiert wird. (Es wurde lediglich die Eigenschaft verwendet, daß keine akzeptablen Folgen durch Verlängerung von nicht akzeptablen Folgen entstehen können.) Die bisherige Lösung ist also s e h r a l l g e m e i n ! In diesem spezifischen Beispiel hat die Prozedur check zu überprüfen, ob irgendwelche zwei nebeneinanderliegenden Teilfolgen der Länge L identisch sind; L variiert dabei von 1 bis m/2. Da ein Vergleich von zwei Folgen der Länge L ebenfalls L Zeichenvergleiche erfordert, so ergibt sich die totale Anzahl von Zeichenvergleichen zu (höchstens)

$$Z(m) = (m-1)*1 + (m-3)*2 + \cdots + 3*(m/2-1) + 1*(m/2) = \frac{1}{24}(m^3 + 3*m^2 + 2*m) \tag{15.58}$$

für gerade m und

$$Z(m) = (m-1)*1 + (m-3)*2 + \cdots + 4*(\frac{m-3}{2}) + 2*(\frac{m-1}{2}) = \frac{1}{24}(m^3 + 3*m^2 - m - 3) \tag{15.59}$$

für ungerade m. Die Anzahl der Vergleiche wächst also proportional zur dritten Potenz der Länge m. Dieser Arbeitsaufwand läßt sich allerdings drastisch reduzieren unter Ausnutzung der Tatsache, daß die zu prüfende Folge durch Anfügen eines einzigen Zeichens aus einer bereits als gut erkannten Folge hervorgegangen ist. Es genügt daher, nur diejenigen Teilfolgenpaare zu vergleichen, die das letzte Zeichen enthalten, also

$$S_{m-2L+1} \cdots S_{m-L} \quad \text{und} \quad S_{m-L+1} \cdots S_m \tag{15.60}$$

für L = 1 . . . m/2. Der Aufwand reduziert sich damit auf

$$Z'(m) = 1 + 2 + \cdots + \frac{m}{2} = \frac{m}{4} * (\frac{m}{2} + 1) \tag{15.61}$$

Zeichenvergleiche. Nach diesen Erkenntnissen wird die Prozedur check wie folgt dargestellt:

```
procedure check;
   var L: integer;                                                    (15.62)
begin good := true;
   for L := 1 to (m div 2) do
   good := good ∧ ((Sm-2L+1 . . . Sm-L) ≠ (Sm-L+1 . . . Sm))
end
```

Doch auch hier wird eine effizientere Lösung erhalten, wenn weitere Vergleiche unterbunden werden, sobald die Gleichheit zweier Folgen erkannt wurde. (Man beachte an dieser Stelle, daß das Programmschema (9.2) nicht angewendet werden soll, sobald die Rekursionsrelation $v_i = f(v_{i-1})$ die Form $v_i = v_{i-1} \wedge q_i$ annimmt.) Die verbesserte Version von (15.62), welche die for-Anweisung durch eine while-Struktur ersetzt, da die Anzahl der Repetitionen nicht mehr von vornherein bekannt ist, lautet nun

(15.63)

```
procedure check;
   var L, mhalf: integer;
begin good := true;  L := 0;  mhalf := m div 2;
   while good ∧ (L < mhalf) do
   begin L := L+1;
      good := (S_{m-2L+1} ... S_{m-L}) ≠ (S_{m-L+1} ... S_m)
   end
end
```

Indem nach demselben Prinzip – diesmal unter Verwendung einer repeat-Anweisung – auch der Vergleich zweier Zeichenfolgen durch eine Folge von Zeichenvergleichen präzisiert wird, entsteht die endgültige Version der Prozedur check:

(15.64)

```
procedure check;
   var i, L: integer;
begin good := true;  L := 0;  mhalf := m div 2;
   while good ∧ (L < mhalf) do
   begin L := L+1;  i := 0;
      repeat  good := S [m-i] ≠ S [m-L-i];  i := i+1
      until good ∨ (i = L)
   end
end
```

Somit sind dann schließlich alle Komponenten des Hauptprogrammes in allen Einzelheiten spezifiziert, und die gestellte Aufgabe ist gelöst (15.52), (15.56), (15.57), (15.64).

Das Problem der nichtrepetierenden Folgen soll zum Abschluß noch als Beispiel für den in der Programmierpraxis so überaus häufigen Fall angeführt werden, wo die ursprüngliche Zielsetzung verändert wird und damit das erstellte Programm den neuen Forderungen angepaßt werden muß. Die hier zur Behandlung vorgelegte Erweiterung der Problemstellung sei die folgende:

Anstelle einer einzigen, beliebigen Folge der Länge N sollen a l l e Folgen der Länge N erzeugt werden, die keine angrenzenden identischen Teilfolgen enthalten.

Ist nun das ursprüngliche Programm in genügendem Maß in einzelne Teile gegliedert, deren Aufgabe und Auswirkung geschlossen darstellbar sind, so erfordert die Anpassung lediglich die Abänderung einzelner Programmteile. Je zweckmäßiger und klarer ein Programm gegliedert ist, umso leichter fällt im allgemeinen seine Anpassung an

Erweiterungen oder Änderungen seiner Zielsetzung, denn hierdurch können diejenigen Komponenten umso zuverlässiger ermittelt und isoliert werden, die eine Veränderung benötigen.

Im vorliegenden Fall bewährt sich nicht nur die systematische Gliederung des Programms, sondern auch das Prinzip der Erzeugung der Kandidaten auf systematische Art. Folgende Überlegungen führen daher direkt zum Ziel (vgl. (15.52)) :

1. Anstelle der unbedingten Verlängerung von S wird, falls m = N, die Folge S als Resultat erkannt (ausgedruckt) und sodann verändert statt erweitert.
2. Die Abschlußbedingung kann vereinfacht werden, da die Relation m = N nicht mehr relevant ist; es wird allein der Term m = 0 beibehalten.

Man überzeuge sich an dieser Stelle, daß der resultierende Algorithmus erstens nur akzeptable Folgen ausgibt und zweitens alle möglichen Kandidaten prüft. Die im Fall N = 3 als akzeptabel erkannten Folgen sind in (15.65) angeführt:

1	→ 2	→ 3
12	21	31
+ 121	+ 212	+ 312
+ 123	+ 213	+ 313
13	23	32
+ 131	+ 231	+ 321
+ 132	+ 232	+ 323

(15.65)

Aus der Tabelle (15.65) ist ersichtlich: Unter den 12 Lösungen sind etliche einander in dem Sinn ähnlich, daß sie durch zyklische Vertauschung der Grundzeichen auseinander hervorgehen. Durch die beiden Vertauschungsregeln

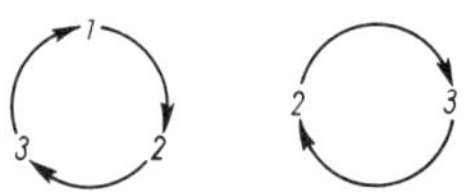

(15.66)

werden sie auf nur zwei wesentlich voneinander verschiedene Folgen reduziert. Ein Programm, das von den nach den beiden Vertauschungsmustern erhaltenen 6 ähnlichen Folgenmengen nur eine erzeugt, wird dadurch erhalten, indem der Erzeugungsprozeß dann abgebrochen wird, sobald der Versuch gemacht wird, S [2] zu verändern. Damit ergibt sich zur Lösung der erweiterten Aufgabe das Programm

```
var S: array [1 . . N] of char;
   m: integer; good: Boolean;
procedure extend;
   begin m := m + 1; S[m] := '1' end ;
procedure change;
   begin {siehe (15.56) } end;
```

(15.67)

```
procedure check;
   begin {siehe (15.64) } end;
procedure PRINT;
   var i: integer;
   begin for i := 1 to N do write (S[i] );
         writeln
   end ;
begin m := 2; S[1] := '1'; S[2] := '2'; good := true;
   repeat if good then
               if m = N then begin PRINT; change end
               else extend
         else change;
         check
   until m = 2
end .
```

Tabelle (15.68) gibt Aufschluß über die Anzahl K von Lösungen in Abhängigkeit von N, wobei der Reduktionsfaktor 6 bereits mitberücksichtigt wurde.

N	K(N)	N	K(N)	N	K(N)
3	2	9	18	15	103
4	3	10	24	16	133
5	5	11	34	17	174
6	7	12	44	18	232
7	10	13	57	19	305
8	13	14	76	20	398

(15.68)

Übungen

1. Das Programm zur Lösung eines linearen Gleichungssystems (15.17) läßt sich vereinfachen, wenn die Variable B als n+1-te Spalte der Matrix A dargestellt wird:

$$A = \begin{pmatrix} a_{11} & a_{12} & \cdots & a_{1n} & b_1 \\ a_{21} & a_{22} & \cdots & a_{2n} & b_2 \\ a_{n1} & a_{n2} & \cdots & a_{nn} & b_n \end{pmatrix} \quad (15.69)$$

Das entsprechend abgeänderte Programm ist darzustellen. (Man beachte, daß die beiden Programme denselben Algorithmus beschreiben.)

2. Man erweitere das Programm (15.17) zur Lösung eines linearen Gleichungssystems durch eine Pivot-Wahl.

Version 1: Im k-ten Eliminations-Schritt wird dasjenige Element $a_{hk}^{(k)}$ in der k-ten Spalte als Pivot (Divisor) gewählt, das den größten Absolutwert besitzt, d.h.

$$|a_{hk}| \geqslant |a_{ik}| \quad \text{für alle} \quad i = k \ldots n \tag{15.70}$$

Hinweis: Nachdem das Pivotelement $a_{hk}^{(k)}$ ermittelt ist, werden die Zeilen $a_h^{(k)}$ und $a_k^{(k)}$ sowie die Komponenten $b_h^{(k)}$ und $b_k^{(k)}$ vertauscht.

Version 2: im k-ten Eliminations-Schritt wird das Element $a_{hm}^{(k)}$ mit dem größten Absolutwert aller Komponenten der k-ten Spalte und der k-ten Zeile als Pivot ausgewählt, d.h.

$$|a_{hm}| \geqslant |a_{ij}| \quad \text{für alle } i, j = k \ldots n \tag{15.71}$$

Hinweis: Nachdem das Pivotelement $a_{hm}^{(k)}$ ausgesucht ist, werden die Zeilen $a_h^{(k)}$ und $a_k^{(k)}$ (und $b_h^{(k)}$ und $b_k^{(k)}$) sowie die Spalten $a_{xm}^{(k)}$ und $a_{xk}^{(k)}$ miteinander vertauscht. Die Spaltenvertauschungen müssen jedoch festgehalten werden, da sie eine Permutation der Unbekannten x_m und x_k implizieren. Diese Permutation muß dann in der Rücksubstitutionsphase wieder rückgängig gemacht werden. Gibt es schließlich kein Element $|a_{hm}| > 0$, so ist das Gleichungssystem singulär und besitzt keine Lösung. Für diesen Fall soll eine Sprunganweisung vorgesehen werden (s. (14.29)).

3. Man erweitere das Programm (15.17) zur Lösung eines linearen Gleichungssystems durch eine Skalierung zur Erhöhung der erreichbaren Rechengenauigkeit.

Version 1: Im k-ten Eliminations-Schritt werden alle Komponenten der Zeile $a_i^{(k)}$ mit dem gleichen Skalenfaktor $s_i^{(k)}$ multipliziert. Man beachte, daß dadurch die Unbekannten nicht beeinflußt werden, und wähle

$$s_i^{(k)} = 1/\sum_{j=k}^{n} |a_{ij}^{(k)}| \quad \text{für } i = k \ldots n \tag{15.72}$$

Version 2: Im k-ten Eliminations-Schritt werden alle Komponenten der j-ten Spalte mit dem gleichen Skalenfaktor $s_j^{(k)}$ multipliziert. Man wähle

$$s_i^{(k)} = 1/\sum_{j=k}^{n} |a_{ij}^{(k)}| \quad \text{für } j = k \ldots n \tag{15.73}$$

und beachte, daß die resultierenden Werte für die Unbekannten x_j in der Rücksubstitutionsphase entsprechend zu korrigieren sind.

Hinweis: Zur Vermeidung von zusätzlichen Rundungsfehlern bei Verwendung einer Gleitkomma-Arithmetik mit Basis b ist es zweckmäßig, anstelle von s_i und s_j die Skalenfaktoren $s_i' = N(s_i)$ und $s'_j = N(s_j)$ zu verwenden, wobei die Funktion N wie folgt definiert ist:

$$N(x) = b^{\text{trunc}(\log_b(\text{abs}(x)))} \tag{15.74}$$

4. Man konstruiere ein Programm zur Lösung eines Gleichungssystems, das aus den n Gleichungen

$$a_{11}*x_1 + a_{12}*x_2 = b_1 \tag{15.75}$$

$$a_{k,k-1}*x_{k-1} + a_{kk}*x_k + a_{k,k+1}*x_{k+1} = b_k \qquad k = 2 \ldots n-1$$

$$a_{n,n-1}*x_{n-1} + a_{nn}*x_n = b_n$$

besteht. Werden die Koeffizienten a_{ij} als Matrix dargestellt, so ergibt sich die folgende Tridiagonal–Matrix:

$$\begin{pmatrix} a_{11} & a_{12} & & & & \\ a_{21} & a_{22} & a_{23} & & \bigcirc & \\ & a_{32} & a_{33} & a_{34} & & \\ & & \ddots & \ddots & \ddots & \\ & \bigcirc & & a_{n-1,n-2} & a_{n-1,n-1} & a_{n-1,n} \\ & & & & a_{n,n-1} & a_{n,n} \end{pmatrix} \tag{15.76}$$

Hinweise: Im k-ten Eliminations-Schritt sind lediglich die Komponenten

$$a^{(k+1)}_{k+1,k+1} = a^{(k)}_{k+1,k+1} - (a^{(k)}_{k+1,k} * a^{(k)}_{k,k+1})/a^{(k)}_{kk}$$

und

$$b^{(k+1)}_{k+1} = b^{(k)}_{k+1} - (a^{(k)}_{k+1,k} * b^{(k)}_{k})/a^{(k)}_{kk} \tag{15.77}$$

zu berechnen, während alle andern Komponenten unverändert bleiben. Die Tridiagonal-Matrix soll durch die Array-Variable

A: **array** [1 . . n, –1 . . 1] **of** real (15.78)

repräsentiert werden, wobei die Komponenten $a^{(k)}_{ij}$ durch A[i, j–i] dargestellt sind, und lediglich die von Null verschiedenen Elemente der drei Hauptdiagonalen einen Speicherplatz belegen. Man erkläre, weshalb eine Pivot-Wahl in diesem Spezialfall von Nachteil wäre.

5. Man erstelle ein Programm zur Lösung des linearen Gleichungssystems

$$\sum_{j=1}^{i} a_{ij} * x_j = b_i \quad \text{für } i = 1 \ldots n \tag{15.79}$$

Dieses Problem kann als Spezialfall des allgemeinen Problems der Lösung eines linearen Gleichungssystems mit n Unbekannten aufgefaßt werden, wobei die Koeffizientenmatrix a_{ij} die Form einer Dreiecks-Matrix einnimmt.

$$A = \begin{pmatrix} a_{11} & & & & \\ a_{21} & a_{22} & & \bigcirc & \\ a_{31} & a_{32} & a_{33} & & \\ \vdots & & & \ddots & \\ a_{n1} & \cdots & \cdots & \cdots & a_{nn} \end{pmatrix} \tag{15.80}$$

Dieser Fall tritt im Zusammenhang mit Differentialgleichungen und Systemen von Differentialgleichungen häufig auf. Man beachte, daß sich der Gaußsche Algorithmus wesentlich vereinfachen läßt, und daß lediglich (n/2) ∗ (n+1) Koeffizienten gespeichert werden müssen. Die Matrix a_{ij} werde durch die Array-Variable

A: **array** [1 . . m] **of** real $\quad m = \frac{n}{2} * (n+1)$ (15.81)

und die Koeffizienten $a^{(k)}_{ij}$ durch die Komponenten A [i∗i–1) **div** 2 + j] dargestellt. Man versuche, das Prinzip der schrittweisen Programmentwicklung systematisch anzuwenden.

6. Das Programm (15.34) ist derart zu erweitern, daß nicht nur die kleinste, sondern die zehn kleinsten Zahlen erzeugt werden, die auf zwei verschiedene Arten als Summen von zwei dritten Potenzen natürlicher Zahlen darstellbar sind. Zudem sollen diese zehn Summenpaare voneinander linear unabhängig sein, d.h. es darf keinen Multiplikator n geben, so daß

$$a_i = n * a_j \text{ und } b_i = n * b_j \quad (i \neq j) \tag{15.82}$$

7. Gegeben sei das folgende Programm zur Lösung des in Abschnitt 15.2 gestellten Problems:

```
var i, j, m, n, x: integer; p: array [0 .. 13] of integer;
begin m := 0; p[0] := 0;
   while m < 13 do
   begin m := m+1; p[m] := m*m*m; n := 0;                    (15.83)
      while n < m do
      begin n := n+1; x := p [m] + p[n]; i := m-1;
           {x ist der nächste Kandidat}
         while 2*p[i] > x do
         begin j := i-1;
            while p [i] + p[j] > x do j := j-1;
            if p [i] + p [j] = x then goto 99 else i := i-1
         end
      end
   end ;
99: write (x, m, n, i, j)
end .
```

Man ermittle die Entstehungsgeschichte und die Verifikationsbedingungen, die diesem Programm zugrunde liegen. Das Programm liefert zwar das richtige Resultat 1729, doch darf angenommen werden, daß sein Autor eine wichtige und schwer zu verifizierende Bedingung übersehen hat, die von diesem Programm ausgenutzt wird (welche?). Dieses Programm muß daher als „aus falschen Überlegungen hervorgegangenes korrektes Resultat" bezeichnet werden. Man vergleiche den dabei auftretenden Rechenaufwand mit dem des Programms (15.34), abgeändert für den Fall von vierten Potenzen ($x^4 = a^4+b^4 = c^4+d^4$).

8. Man konstruiere ein Programm, das die zehn kleinsten Zahlen bestimmt, deren dritte Potenzen als Summe von drei dritten Potenzen natürlicher Zahlen darstellbar sind. Wiederum seien die Summen linear unabhängig.

$$x_i^3 = a_i^3 + b_i^3 + c_i^3 \qquad (i = 1 \ldots 10) \tag{15.84}$$

9. Man bestimme durch Analyse (d.h. ohne die Hilfe eines Computers) des Programms (15.46) den Effekt, den die Änderung der Klausel

```
     if square <= x then
zu   if square < x then                                      (15.85)
```

zur Folge hat.

10. Durch die Änderung der Klausel nach (15.85) im Programm (15.46) und die gleichzeitige Änderung von

```
     while n < lim do
zu   while n <= lim do                                       (15.86)
```

wird das Programm (15.46) falsch. Welches ist die mißachtete und dabei verletzte invariante Bedingung? Wie läßt sich das Programm unter Belassung der beiden Änderungen leicht korrigieren? Man untersuche, ob dabei eine effizientere oder eine aufwendigere Version des Algorithmus entsteht.

11. Die Folgerung

$$x \neq a \quad \Leftrightarrow \quad \text{„x ist nicht durch p teilbar"}$$

ist offensichtlich dann gerechtfertigt, wenn die Voraussetzungen

$$x \leqslant a < x + p \qquad \text{und} \qquad a = n*p \tag{15.87}$$

erfüllt sind (s. Programm (15.46)). Man verifiziere durch Einsetzen der betreffenden Zusicherungen, daß diese Voraussetzungen im folgenden (aus (15.46) extrahierten) Programmstück Invarianten sind, wenn p eine natürliche Zahl größer als 2 ist.

```
x := 1; a := 0;
repeat x := x+2;
   if a < x then a := a + p;
  { x ≤ a < x + p, a = n*p }                    (15.88)
until P
```

12. Man erstelle ein Programm, das (in aufsteigender Reihenfolge) die kleinsten 100 Zahlen der Menge $\mathcal{M}$ generiert, wenn $\mathcal{M}$ wie folgt definiert ist:

1. 1 ist in $\mathcal{M}$
2. wenn x in $\mathcal{M}$ ist, so sind auch y = 2*x+1 und z = 3*x+1 in $\mathcal{M}$
3. nur aus den Regeln 1 und 2 hervorgegangene Zahlen sind in

$\mathcal{M} = \{ 1, 3, 4, 7, 9, 10, 13, \ldots \}$

13. Die Figur (15.89) stellt einen Ring von 2^3 Nullen und Einsen dar, in welchem jede der 2^3 möglichen Unterfolgen von 3 Zeichen genau einmal auftritt.

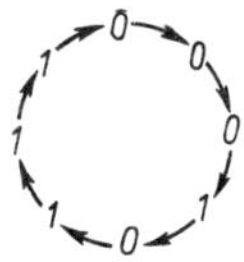

(15.89)

Es ist ein Programm zu konstruieren, das einen entsprechenden Ring bestehend aus 2^n Zeichen aufbaut. Die Prinzipien der schrittweisen Programm-Entwicklung sind dabei möglichst strikt zu befolgen.

Anhang A. Die Programmiersprache PASCAL-S*

1. Grundsymbole der Sprache

A . . . Z, a . . . z	Buchstaben
0 1 2 3 4 5 6 7 8 9	Ziffern
+ - * / **div mod**	arithmetische Operatoren
∨ ∧ ¬	logische Operatoren
= ≠ < ⩽ ⩾ >	Vergleichsoperatoren
( )	Klammern
[ ]	Index-Klammern
{ }	Kommentar-Klammern
begin end	Anweisungs-Klammern
:=	Zuweisungsoperator
'	Anführungssymbol
. , ; :	Trennzeichen
↑	Zeiger
if then else case of **while do repeat until for to**	Anweisungs-Trennzeichen
const var type procedure function	Objektklassen-Symbole
array file	Strukturklassen-Symbole

2. Standard-Größen

Konstanten:		Abschnitt
false, true		8.1
Typen:		
Boolean, integer, char, real, text		8.1 bis 8.4, 10.4
Variablen:		
input, output		10.4
Funktionen:		
abs	(Absolutwert)	
sqr	(Quadrat)	
odd	(ungerade)	
succ, pred		8.
ord, chr		8.3
trunc, round, eof, eoln		8.4, 10.
sin, cos, exp, ln, sqrt, arctan		
Prozeduren:		
get, put, reset, rewrite		10.
read, write, readln, writeln		10.4

*Hier behandelter Teil (subset) der Sprache PASCAL [12, 13].

3. Operatoren

3.1. Vergleichsoperatoren (kleinste Bindungsstärke)

$= \neq$	beliebige Operanden, Resultat Boolean	
$< \leqslant \geqslant >$	skalare Operanden, Resultat Boolean	

3.2. Additionsoperatoren:

+ -	numerische Operanden	8.2, 8.4
$\vee$	Boolesche Operanden	8.1

3.3. Multiplikationsoperatoren:

*	numerische Operanden	8.2, 8.4
/	numerische Operanden, Resultat real	8.4
div	ganzzahlige Division, Resultat integer	8.2
mod	Rest der ganzzahligen Division	8.2
$\wedge$	Boolesche Operanden und Resultat	8.1

3.4. Einstellige Operatoren:

$\neg$	Negation; Boolescher Operand	8.1

4. Darstellung von PASCAL-Programmen im eingeschränkten ASCII-Zeichensatz

4.1. Es werden nur Großbuchstaben verwendet.

4.2. Grundsymbole, die durch englische Wörter dargestellt sind, werden als solche ausgeschrieben und dürfen nicht als Bezeichnungen für Objekte im Programm vereinbart werden. Zwischen einem solchen Grundsymbol und einer vorangehenden oder nachfolgenden Bezeichnung (identifier) muß (mindestens) ein Leerzeichen eingefügt werden.

4.3. Die PASCAL-Symbole, die nicht im ASCII-Zeichensatz enthalten sind, werden wie folgt übersetzt:

PASCAL-Symbol	entsprechendes ASCII-Zeichen
$\vee$ $\wedge$ $\neg$	OR AND NOT
$\neq$ $\leqslant$ $\geqslant$	<> <= >=
{ }	(* *)

5. Syntax-Diagramme

Bezeichner

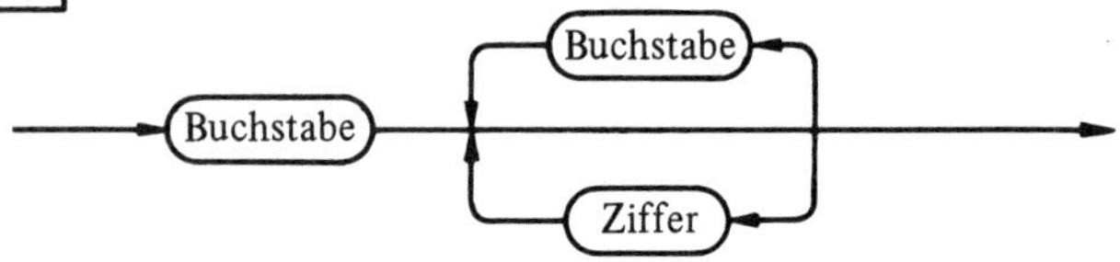

ganze Zahl o. Vz.

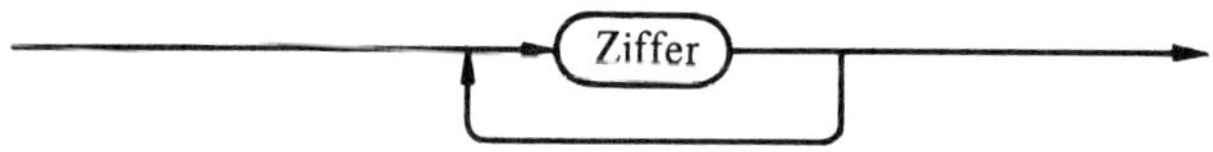

Zahl o. Vz.

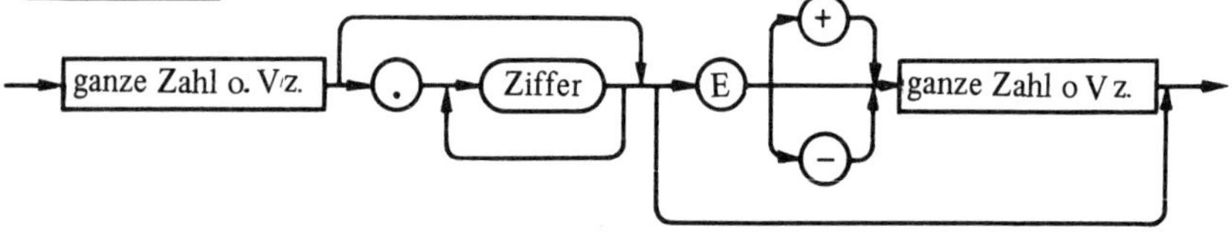

Konstante o. Vz.

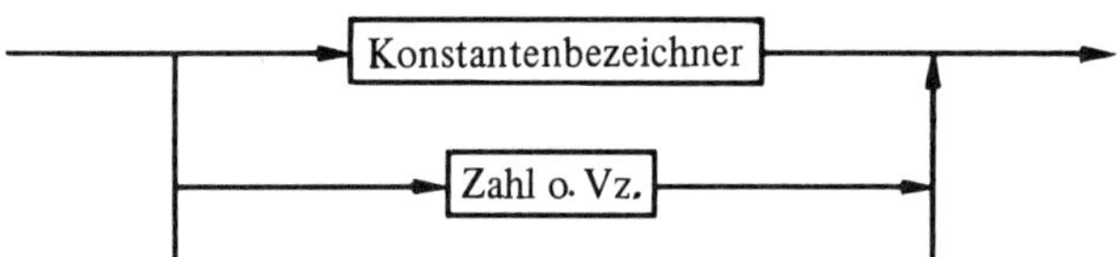

Konstante

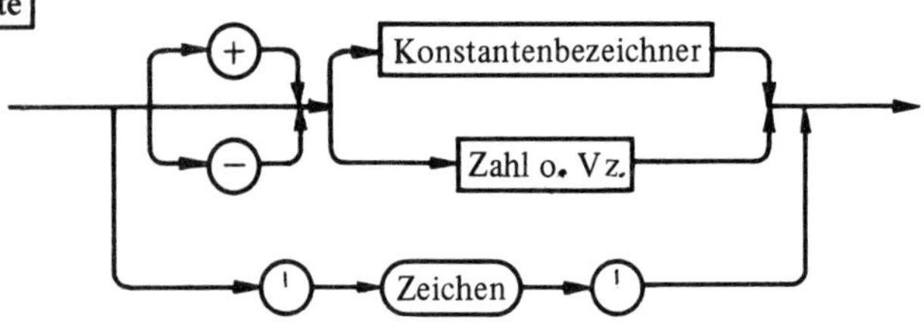

einfacher Typ

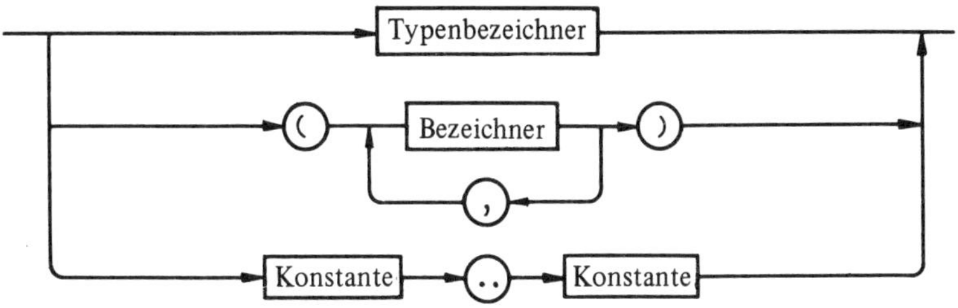

Typ

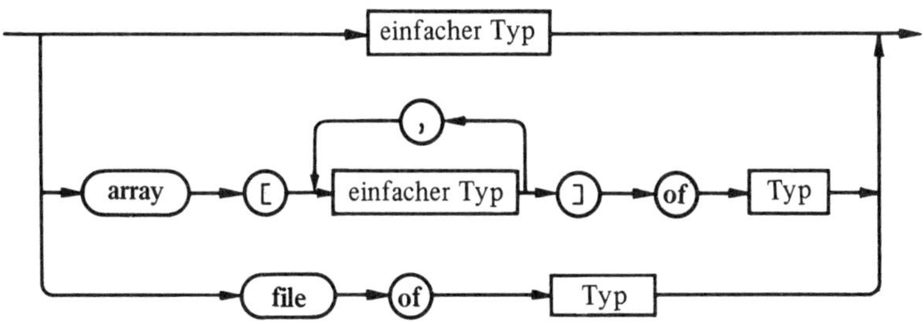

Anmerkungen

1. Rechtecke bezeichnen Syntax-Diagramme, Kreise und Ovale bezeichnen Symbole der Sprache PASCAL.

2. Trennzeichen d ü r f e n in beliebiger Anzahl zwischen aufeinanderfolgenden PASCAL-Symbolen eingefügt werden mit folgender Ausnahme: es dürfen k e i n e Trennzeichen innerhalb von Bezeichnern und Zahlen vorkommen.

3. Mindestens ein Trennzeichen m u ß eingefügt werden zwischen aufeinanderfolgenden Bezeichnern (oder Zahlen) und Wortsymbolen (wie z.B. **begin**, **end**).

4. Als Trennzeichen gelten Leerzeichen (blanks), Zeilenende und Kommentare. Ein Kommentar ist eine beliebige Folge von Zeichen, eingeschlossen in geschweiften Klammern { und }.

5. Das Vorkommen des nicht qualifizierten Wortes Bezeichner bedeutet, daß an dieser Stelle ein beliebiger Bezeichner eingesetzt werden darf, der damit zum Konstanten-, Typ-, Variablen-, Funktions-, oder Prozedurbezeichner vereinbart wird.

Variable

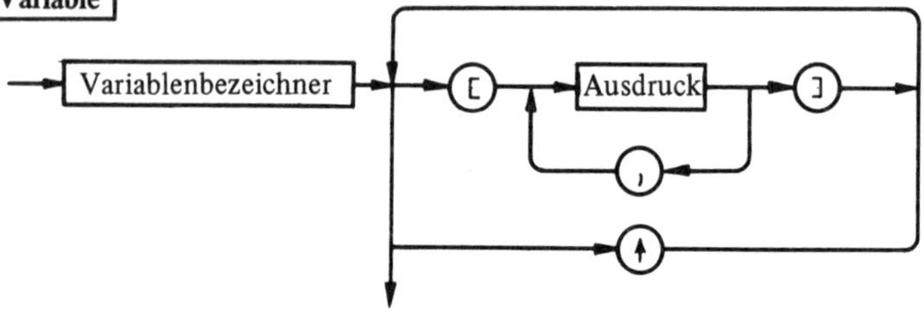

Faktor

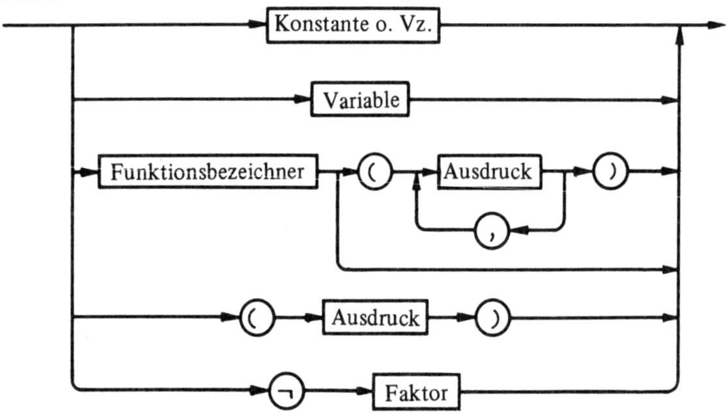

Term

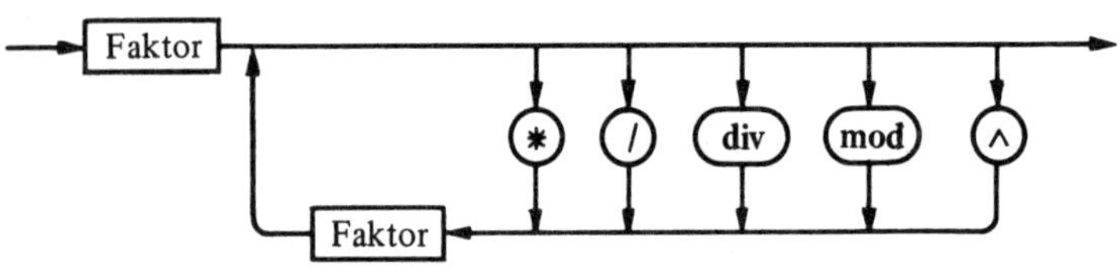

einfacher Ausdruck

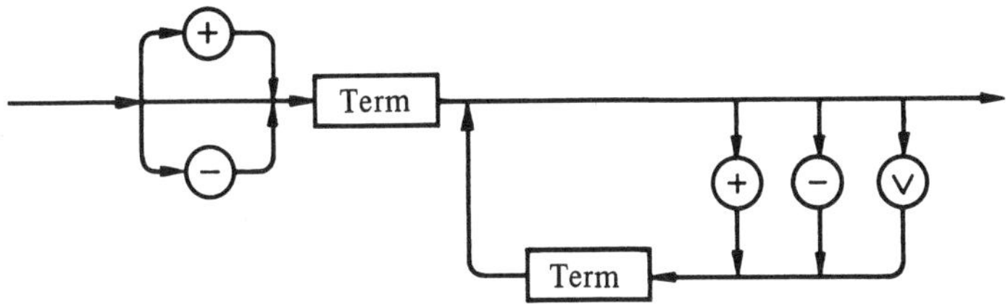

Ausdruck

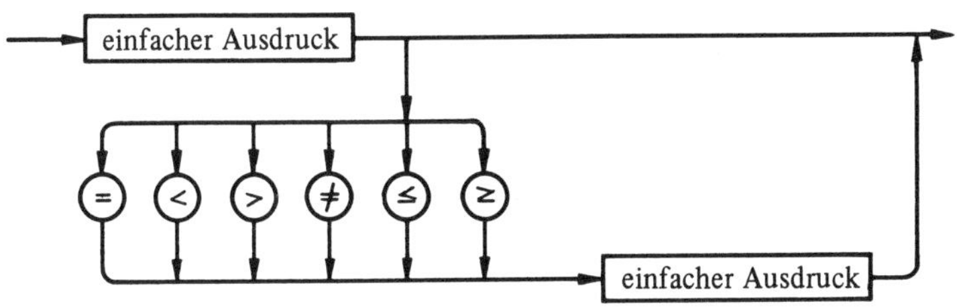

Parameterliste

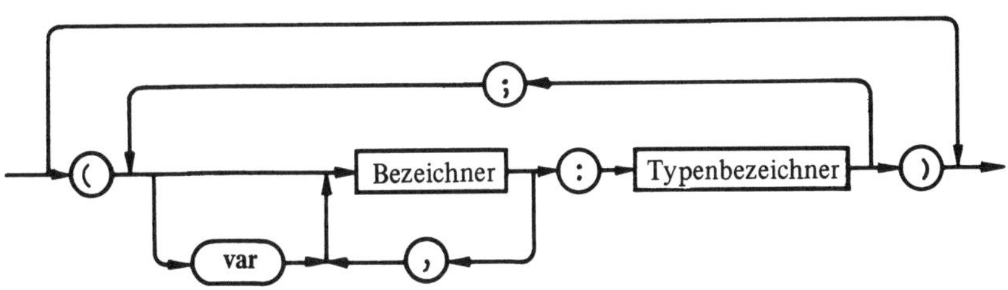

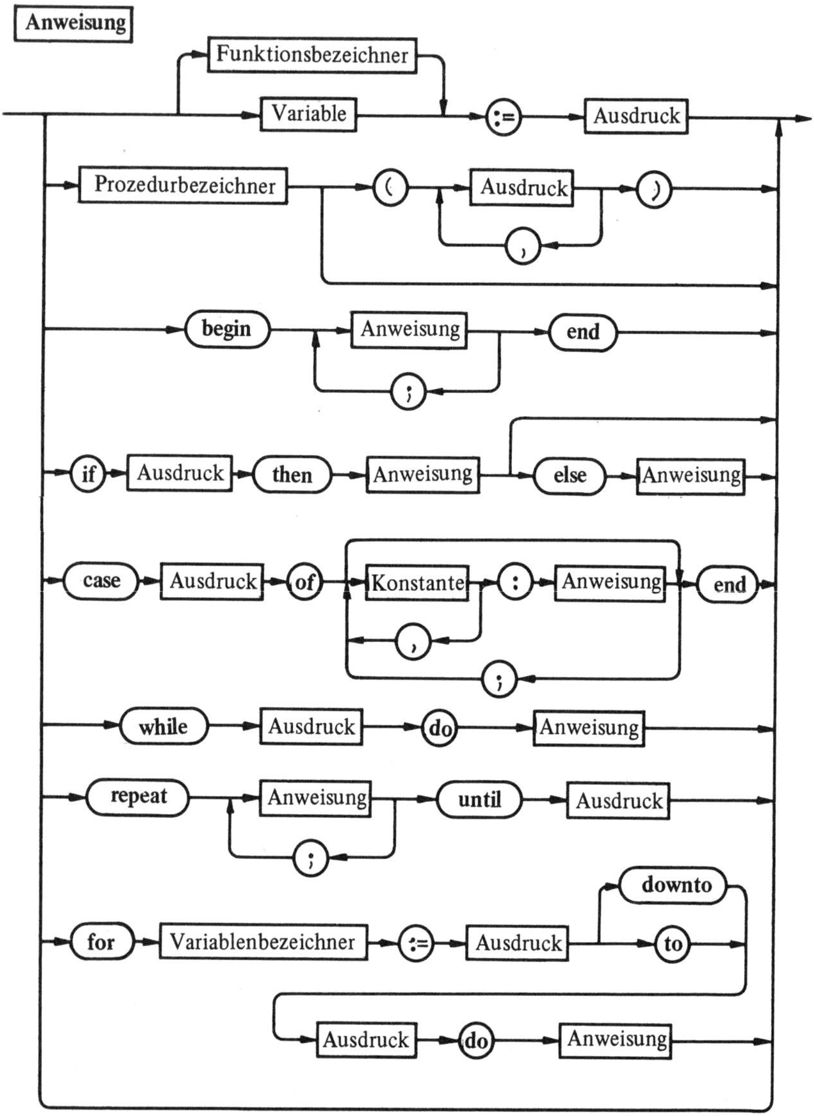
Anweisung
Funktionsbezeichner
Variable
:=
Ausdruck
Prozedurbezeichner
(
Ausdruck
,
)
begin
Anweisung
;
end
if
Ausdruck
then
Anweisung
else
Anweisung
case
Ausdruck
of
Konstante
:
Anweisung
,
;
end
while
Ausdruck
do
Anweisung
repeat
Anweisung
;
until
Ausdruck
for
Variablenbezeichner
:=
Ausdruck
downto
to
Ausdruck
do
Anweisung

Block

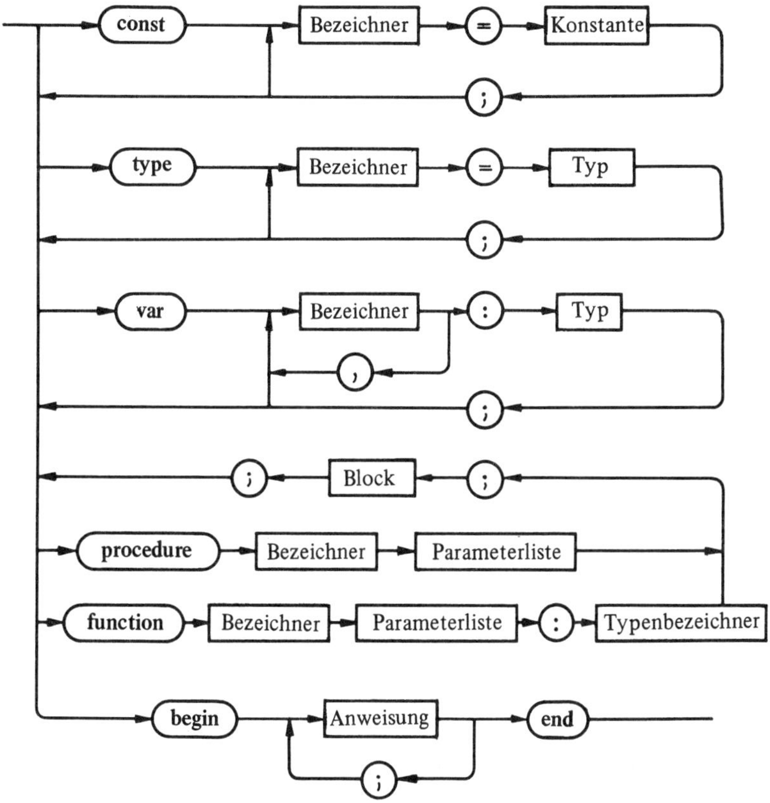

Programm

Anhang B. ASCII Steuerzeichen

Layout characters

bs	backspace
ht	horizontal tabulation
lf	line feed
vt	vertical tabulation
ff	form feed
cr	carriage return

Ignore characters

nul	null character
can	cancel
sub	substitute
del	delete

Separator characters

fs	file separator
gs	group separator
rs	record separator
us	unit separator

Escape characters

so	shift-out
si	shift-in
esc	escape

Medium control characters

bel	ring bell
dc1-dc4	device control
em	end of medium

Communication control characters

soh	start of heading
stx	start of text
etx	end of text
eot	end of transmission
enq	enquiry
ack	acknowledgement
nak	negative acknowledgement
dle	data link escape
syn	synchronous idle
etb	end of transmission block

Literatur

[1] B a u e r , F.L.; G o o s , G.: Informatik. Bd. 1 und 2. Berlin – Heidelberg – New York 1970/71. = Heidelberger Taschenbücher Nr. 80 und 91

[2] B a y e r , G.: Einführung in das Programmieren in ALGOL. 2. Aufl. Berlin 1971

[3] H e i n r i c h , W.; S t u c k y , W.: Programmierung mit ALGOL 60. Stuttgart 1971. = Teubner Studienskripten Nr. 5

[4] K n u t h , D.E.: The Art of Computer Programming. Bd. 1 Fundamental Algorithms. Bd. 2 Seminumerical Algorithms. Reading, Mass. 1968/69

[5] M ü l l e r , D.: Programmierung elektronischer Rechenanlagen. 3. Aufl. Mannheim 1969. = BI-Hochschultaschenbücher Nr. 49

[6] N a u r , P. (Ed.): Revised Report on the Algorithmic Language ALGOL 60. Comm. ACM **6** (1963) 1–17; Comp. J. **5** (1962/63) 349–367; Num. Math. **4** (1963) 420–453

[7] N e u h o l d , E.J.; L a w s o n , H.W.: The PL/I Machine; an Introduction to Programming. Reading, Mass. 1971

[8] R u t i s h a u s e r , H.: Description of ALGOL 60. Berlin – Heidelberg – New York 1967

[9] S a m m e t , J.: Programming Languages: History and Fundamentals. Englewood Cliffs, N.J. 1968

[10] S p i e s s ; R h e i n g a n s : Einführung in das Programmieren in FORTRAN. 3. Aufl., Berlin 1973

[11] W e i n b e r g , G.M.: PL/I Programming: A Manual of Style. New York 1970

[12] J e n s e n , K.; W i r t h , N.: PASCAL – User Manual and Report. Berlin – Heidelberg – New York 1976. (= Lecture Notes in Computer Science Vol. 18)

[13] H o a r e , C. A. R.; W i r t h, N.: An Axiomatic Definition of the Programming Language PASCAL. Acta Informatica **2**, 335–355 (1973)

Sachverzeichnis